EL ALMANAQUE ESPIRITUAL

EL
ALMANAQUE
ESPIRITUAL

UNA GUÍA MODERNA
PARA EL AUTOCUIDADO
ANCESTRAL

EMMA LOEWE &
LINDSAY KELLNER

KEPLER

Argentina – Chile – Colombia – España
Estados Unidos – México – Perú – Uruguay

Título original: *The Spirit Almanac*
Editor original: TarcherPerigee, an imprint of Penguin Random House LLC
Traducción: Rocío Pereyra

1.ª edición Junio 2024

ISBN: 978-84-16344-92-5
E-ISBN: 978-84-10159-27-3
Depósito legal: M-2.707-2024

Fotocomposición: Urano World Spain, S.A.U.

Impreso por: Rodesa, S.A. – Polígono Industrial San Miguel – Parcelas E7-E8
31132 Villatuerta (Navarra)

Impreso en España – *Printed in Spain*

Gracias, mamá y papá,
por hacer que el mundo
entero sea posible.
— EL

A papá.
Hace años despertaste en mí
el interés por el más allá y siempre
te estaré agradecida por eso. Siempre serás
mi espíritu en el cielo y te echo de menos todos los días.

A mamá.
Te agradezco una y mil veces tu gentileza y tu servicio hacia
los demás, incluyéndome a mí. También por recordarme
con tanta amabilidad
que es necesario bajar el ritmo.
— LA(M)K

ÍNDICE

PREFACIO

NUESTRO INTERÉS POR LOS RITUALES SURGE DE UNA CURIOSIDAD innata por las acciones que motivan a las personas. Gracias a nuestro trabajo como editoras de contenido de bienestar, mantenemos un diálogo constante con médicos, herboristas, instructores de yoga, atletas, chefs y prácticamente cualquier persona que tenga una profesión similar, y eso nos permite conocer su perspectiva sobre lo que implica llevar una vida saludable y de auténtico bienestar. Inevitablemente, sus puntos de vista varían mucho entre sí, ya que se forman a partir de sus experiencias y trayectorias profesionales. Sin embargo, hemos notado que, de una forma u otra, todos convergen en la idea de que el bienestar físico comienza en lo más profundo de la mente. Surge del conocimiento de quiénes somos como individuos, dónde radican nuestras pasiones y qué nos hace sentir más auténticos. Solo haciéndonos estas grandes preguntas podemos dar los pasos que nos llevarán hacia una vida mejor. Al entender cómo encuentran las personas su propio camino, comprobamos que los rituales personales juegan un papel fundamental.

Algunos rituales pueden parecer proyectos ambiciosos; otros, pequeños compromisos. Algunos de ellos se basan en la ciencia; otros, en la fe. Pueden ir desde meditar todos los días hasta escribir con regularidad. Un baño todas las noches o un paseo a solas por las mañanas. Una sesión de *flow* yoga o salir a correr. Aunque pueden parecer hábitos cotidianos normales, con el tiempo pueden arraigarse y volverse fundamentales para quienes los practican. Han evolucionado de ser pasatiempos que nos entretienen a compromisos que nos sostienen. Se han convertido en momentos para hacer una pausa y observar la mente. En última instancia, recurrimos a ellos cuando parece que no tenemos nada más.

Para escribir este libro, hemos recopilado algunos de los rituales personales más poderosos que hemos descubierto, e incluso hemos creado otros. Reflejamos esos rituales en un calendario para que cualquier persona pudiera acceder a ellos. Y, mientras lo hacíamos, nos dimos cuenta de dos cosas importantes: la historia de los rituales es casi tan importante como su aplicación en la actualidad y

¿quién mejor para explicarlos que las personas que los practican a diario? Por lo tanto, en las próximas páginas, exploraremos los fascinantes orígenes de estos rituales y consultaremos a algunos de los principales expertos en su campo para descubrir cómo podemos adaptarlos a nuestra vida cotidiana.

Aunque muchos de nuestros rituales son esotéricos por naturaleza, los traemos a la realidad y tratamos de respaldarlos con evidencias científicas siempre que resulta posible, ya que damos igual importancia a la razón, la lógica y la creencia. En un mundo que cada vez es más caótico, desconectado y, a veces, aterrador, esperamos que estos rituales te brinden una sensación de confort. El próximo año, utiliza este libro para alejarte del ruido y conectarte contigo misma. En esos momentos de calma es cuando pueden surgir descubrimientos trascendentales que marquen el rumbo de tu vida.

Ya hayas creado tus propios rituales a lo largo del tiempo o no, esperamos que *El almanaque espiritual* te sirva como fuente de ideas e inspiración. Al final, encontrarás una selección de rituales que te ayudarán a afrontar cualquier desafío que la vida te presente con facilidad, gracia, integridad y espíritu.

INTRODUCCIÓN

*Ella era de las que se enamoraban de la luna
y de todo lo bello e inalcanzable.*

— Santi D. P.

EL ESPÍRITU

ESPÍRITU: proviene de la palabra latina *spiritus*, que significa «aliento, espíritu», y deriva de la raíz latina *spirare*, que se traduce como «respirar».

L A PALABRA «ESPÍRITU» ESTÁ CARGADA DE POLARIDAD. POR un lado, su definición ha dividido a las personas a lo largo de la historia. A pesar de las variantes en las filosofías religiosas en cuanto a su carácter, trama y simbolismo, la esencia del espíritu es sorprendentemente similar en diferentes textos, tradiciones y dogmas. Desde el punto de vista lingüístico, la raíz latina de la palabra «espíritu» nos remite a nuestra respiración, esa fuerza vital que nos anima y nos une a todos en la experiencia humana. Según esta definición, el espíritu unifica. La respiración actúa como el hilo conductor que enlaza nuestro yo superior con nuestro cuerpo físico y, a su vez, con el terreno común que compartimos. El espíritu es la guía que nos ayuda a alinearnos con nuestras verdades celestiales y con nuestro propósito terrenal. Al igual que la respiración, es algo que todos compartimos.

Nuestra misión es ofrecerte herramientas que creen, nutran y fortalezcan la conexión con tu propio espíritu a través de rituales. Pero no debemos confundirnos con los fantasmas de los difuntos. En *El almanaque celestial*, el término «espíritu» se refiere a la interacción de nuestras almas, algo que creemos que reside en cada individuo, con fuerzas poderosas y de gran magnitud que nos imponen el cosmos, los ritmos de la naturaleza y las tradiciones ancestrales que se han impregnado en la superficie de la Tierra a lo largo de generaciones.

Creer en el espíritu implica rendirse un poco a la magia, lo divino, el universo o cualquiera que sea el nombre que le des a las fuerzas superiores. Pero seamos honestas: ¡no podemos esperar que la magia haga todo el trabajo por nosotras! Un elemento crucial de la magia es la autoconciencia, que se fundamenta en nuestra capacidad de reflexionar, adaptarnos y evolucionar. Por eso adoptamos un enfoque 80/20. El 80 por ciento de nuestra vida es el resultado del trabajo vocacional que desempeñamos aquí. Y el 20 por ciento restante es magia, es decir, estar en el lugar correcto en el momento adecuado, establecer conexiones inesperadas y decir «sí» cuando en realidad queremos decir «no».

Cualquier influencia que nos lleva a tomar decisiones que alteran nuestra vida es producto del espíritu. El misterio del espíritu radica en nuestra capacidad para dirigirlo, invocarlo y confiar en él. Ya creas en el destino o en el poder de la manifestación, todos hemos experimentado alguna vez esas «coincidencias» que parecen estar destinadas a que sucedan. Eso es el espíritu en acción.

Aunque la forma física y el yoga hayan sido más o menos populares, el interés por el espíritu acaba de comenzar. Las personas buscan respuestas y cambios que vayan más allá de las limitaciones de su propia inteligencia y forma física.

Ahora más que nunca, vivimos en una sociedad plagada de adicciones de todo tipo, falta de propósito, indecisión y mucho más. Incorporar la práctica espiritual a tu vida estableciendo momentos para estar contigo misma resulta beneficioso tanto para ti como para quienes te rodean. Gracias a nuestro compromiso con el crecimiento personal hemos llegado a comprender lo que significa sentirnos conectadas con nosotras mismas en el momento presente. Desde ese lugar sagrado, podemos forjar relaciones valiosas tanto entre nosotras como con nuestro propósito en la vida.

Cuando nos despojamos de todo, lo único que conservamos es el espíritu. Conectarte contigo misma y con el espíritu a través del ritual es una de las formas más fáciles y prácticas de cambiar tu vida.

EL RITUAL

Los rituales espirituales consisten en acciones que hacemos repetidamente para alimentar y avivar nuestro espíritu. Los rituales tienen su origen en la religión y derivan de la palabra latina *ritus*, que hace referencia a prácticas religiosas y ceremonias. La comunión en el cristianismo y los bar y bat mitzvah en el judaísmo son rituales con los que todos estamos familiarizados de alguna manera. Sin embargo, los rituales seculares que se tratan en este libro revisten otro tipo de sacralidad.

Son prácticas profundamente personales y se distinguen de cualquier rutina por su intencionalidad. Tomemos el desayuno como un ejemplo de rutina. ¿Qué sucedería si recitáramos un mantra antes de comer y desayunáramos en silencio, y así comenzáramos la mañana de manera tranquila y consciente? Esa sería la base de un ritual. El trayecto hasta el trabajo forma parte de la rutina. Sin embargo, podría ritualizarse si utilizas ese momento para recordarte tres cosas por las que te sientes agradecida.

Ritualizar lo mundano nos invita a instalarnos en nuestro cuerpo. Crea oportunidades para encontrar tranquilidad, sentir con sinceridad, mirar hacia dentro en un mundo que nos ruega mirar en otra dirección. Con el tiempo, puede ayudarnos a conectarnos con el espíritu y compartirlo con quienes nos rodean. Además, los rituales son expresiones de autocuidado que adquieren un carácter radical al tener la capacidad de beneficiar tanto a los demás como a nosotras mismas.

Los rituales no son un concepto nuevo. Tienen su origen en una historia rica, esculpida por nuestros ancestros y transmitida a través de los linajes. A lo largo de la historia, todas las culturas han realizado rituales para rendir homenaje a los dioses, a la tierra y a sí mismas. Estar vivo implica llevar a cabo ese trabajo.

Sin embargo, con el paso de los años, los relatos de antiguos rituales han sido relegados a libros en polvorientas bibliotecas. Recuperarlos de esas páginas y aplicarlos en el presente puede ayudarnos a conectarnos con generaciones pasadas.

Al cuestionarnos por qué hacemos nuestros rituales y quiénes los llevaron a cabo antes que nosotras, estamos desvelando su auténtico potencial. Abrazamos el presente a través del pasado.

Y no hace falta que lo hagamos solas. El incipiente y renovado interés por los ciclos lunares, los baños de sonido y otras formas de encuentros espirituales refleja nuestro deseo innato de mirar hacia dentro y juntas. Invitar a amigos y seres queridos a nuestros rituales estrecha los lazos y crea conexiones. También nos recuerda por qué hacemos este trabajo en primer lugar.

Este libro explorará la importancia histórica, social y cultural de los rituales espirituales, y a medida que avancemos abordará algunas evidencias científicas que los respaldan. Esperamos que esta mezcla de ciencia y fe, pasado y presente, sea atractiva para todas vosotras, sin importar dónde os encontréis en el plano espiritual.

LAS ESTACIONES A LO LARGO DE LA HISTORIA

Las cuatro estaciones fueron nuestros primeros marcadores de tiempo. Antes de la llegada de los televisores y las tabletas, eran los ritmos del sol y la luna los que nos guiaban y entretenían. Nuestros ancestros dejaban que el mundo natural dictara el ritmo y planificaban sus cosechas, ceremonias y ritos en torno a sus cambios. Celebraban las cuatro caras de la Madre Tierra como recordatorios de la naturaleza cíclica del tiempo y del espacio. Y, aunque no tuvieran otra opción, quienes nos precedieron vivían en armonía con su hábitat. Salir al exterior era una forma de sentirse informados y satisfechos.

Muchas cosas han cambiado a lo largo de los siglos, pero las estaciones del año y muchas de las actividades que llevamos a cabo durante ellas se han mantenido. De esta manera, las estaciones nos conectan con anteriores generaciones.

Aunque no lo hagamos en la misma medida que nuestros ancestros, nosotras también encontramos consuelo en su previsibilidad. Después de la primavera llega el verano y luego, el otoño y el invierno. En el mundo moderno, donde reina la inestabilidad, esta constancia puede proporcionarnos alivio.

Sin embargo, creemos que las estaciones son más que simples marcadores de tiempo. Al dejar que las estaciones guíen nuestros rituales, vivimos *con* la naturaleza, no solo *en* ella. Al permitir que el mundo exterior moldee nuestro trabajo interno, nos recordamos que hay fuerzas mayores en juego a nuestro alrededor y nos acercamos un paso más a la superación de las preocupaciones superficiales para conseguir la auténtica felicidad. Y ¿no es eso lo que realmente importa?

LAS ESTACIONES HOY EN DÍA

Es fácil perderse en las pequeñas rutinas, como el sonido del despertador cada mañana o el trayecto al trabajo. Pero cuando permitimos que estas actividades cotidianas definan nuestra vida, perdemos de vista todo lo que sucede entre medio de ellas. Por otro lado, el ciclo de las cuatro estaciones no se adhiere a la monotonía. El eje de la Tierra se inclina hacia el Sol en una rotación que se traduce en temperaturas más cálidas o frías, colores más vivos o apagados, aire fresco o lluvias torrenciales. Es un ciclo sin igual en su alcance y espectacularidad que nos recuerda que las fuerzas universales están activas y que nos hace reflexionar sobre la naturaleza del tiempo, que es tanto fijo como finito y efímero.

Existen diversas maneras en que podemos conectarnos más estrechamente con las estaciones de la naturaleza. Para empezar, podemos considerarlas puntos de referencia. La llegada de cada estación puede ser una oportunidad para reflexionar sobre cómo nos movemos por la vida y comprobar nuestra dirección si deseamos conseguir un progreso de verdad. Las estaciones también pueden actuar como fuerzas equilibradoras. Cada una posee una energía totalmente distinta, pero todas deben desarrollarse antes de que el año llegue a su fin. Podemos aprender de ellas al apreciar sus contrastes y aceptar momentos de introversión y extroversión, trabajo y diversión.

Por último, nuestra reacción ante las estaciones puede arrojar luz sobre nuestra identidad. El invierno, con sus días cortos y noches largas y frías, puede ser una estación solitaria y de aislamiento para algunas personas. Otras podrían experimentarlo como un período reflexivo y profundo, que invita a la tranquilidad y la introspección. El abrasador sol del verano puede hacernos sentir acaloradas e irritables, mientras que otras personas pueden encontrar consuelo en su intensidad. Aunque todos presenciamos el mismo espectáculo, la manera en que nos afecta varía drásticamente. La forma en que inmortalizamos cada estación en nuestra mente nos da indicios acerca de nuestras necesidades y deseos personales. Prestar atención a cómo reaccionamos ante el mundo exterior puede revelarnos mucho sobre nuestro paisaje interior.

Este libro toma los rituales espirituales como herramientas para experimentar plenamente cada estación. Juntas, recargaremos energías en invierno, floreceremos en primavera, brillaremos en verano y respiraremos en otoño.

CÓMO UTILIZAR ESTE LIBRO

Esperamos que este libro te lleve a un viaje espiritual inspirado en la tradición y en los ritmos de la Tierra. Utilizarás las estaciones y festividades del calendario, tanto religiosas como astrológicas y de otro tipo, como oportunidades para practicar rituales concretos. Aunque no se trata de una lista exhaustiva, tienen un gran potencial para el crecimiento y la indagación. En total, encontrarás entre ocho y diez festividades por estación, cada una con su propio ritual, diseñado para abordar un tema en particular.

A lo largo de la historia, todas las culturas han celebrado los cambios de la naturaleza a través de rituales, aunque las herramientas y técnicas hayan variado mucho. Por lo tanto, las estaciones son un hilo invisible que conecta nuestra historia cultural. Y, para honrarlo, presentaremos varios de los rituales de las estaciones a partir de la exploración de las prácticas culturales que los inspiraron. Una vez más, reconocer por qué llevamos a cabo un ritual y honrar a quienes lo hicieron antes que nosotras es fundamental para disfrutar de sus beneficios.

A menos que se indique lo contrario, los rituales los hemos diseñado nosotras, y nos hemos esforzado por hacerlos lo más accesibles, simples y gratificantes posible. Sabemos que tienes muchas responsabilidades, así que queremos evitar aquello que requiera mucho tiempo o recursos. Te recomendamos probar cada ritual el día que se indica, o lo más cercano posible, pero no hay problema si la vida se interpone y te retrasas unos días.

No hay reglas fijas sobre dónde o en qué momento del día debes hacer tu ritual, pero es una buena idea llevarlos a cabo en una zona libre de dispositivos electrónicos. Reservar un momento y lugar para olvidar el teléfono y cuidarte a ti misma es un gesto poderoso, y llenar tu tiempo a solas con un ritual y pensamiento mágico puede convertirse en un hábito realmente transformador. Más allá de eso, nuestra única recomendación es que lo disfrutes y no hagas ningún ritual con el que no te sientas cómoda. (Por ejemplo, si tienes problemas de espalda, puedes saltarte nuestra rutina de *flow* yoga).

Aunque relacionamos ciertos rituales con días concretos, sabemos que los rituales no pueden ser limitados de esa manera. A veces, durante la sociabilidad del verano, tu cuerpo anhela un poco de la introspección del invierno. En las profundidades de la calma otoñal, solemos buscar algo de la frescura de la primavera. Por eso, al final de cada ritual, te daremos ideas sobre cómo adaptarlo a los otros 364 días del año. Aunque es posible que no conectes con todos los rituales de la misma manera (y eso está bien), esperamos que tengas tus favoritos y los lleves a cabo en cada estación. Practicarlos y personalizarlos a lo largo de días, semanas, meses y años los hará más fuertes. Y, aunque repitas el mismo ritual todos los días, es probable que tengas una experiencia diferente en cada ocasión. Y ahí está la gracia: el camino para descubrirte a ti misma y conectar con tu espíritu es un viaje que dura toda la vida, y surgirán nuevas perspectivas a partir de la constancia, el propósito y los cambios de estación.

Una aclaración acerca de los pronombres: en este texto, usamos sobre todo pronombres femeninos, pero no queremos que resulte excluyente. Cualquier persona, sin importar su género, puede participar en estos rituales y conectarse con la divinidad femenina.

EXPLORAR LOS TÉRMINOS

Antes de comenzar, repasemos los términos e ideas que dan vida a nuestros rituales. Muchas de estas palabras tienen significados diferentes según a quién le consultes. Así es como las concebimos y como las presentaremos en este libro:

✳ **DESCARGAS**: cuando alguien dice que ha tenido una «descarga», se refiere a que una idea le vino a la mente, aparentemente de la nada. Estas revelaciones se sienten más profundas que los pensamientos aleatorios que tenemos a lo largo del día, y parecen estar conectadas con una conciencia superior o un conocimiento interno. Por ejemplo, puedes experimentar una descarga en la que te das cuenta de que un patrón negativo en el que sigues cayendo se originó en un momento concreto de tu infancia. Mantener la mente relajada gracias a los rituales provoca que surjan estas descargas.

✳ **EGO**: Sigmund Freud acuñó el término «ego» para definir las decisiones rápidas que tomamos desde nuestra racionalidad. En psicología, el ego representa la capa superficial de nuestra personalidad que ha sido moldeada por el entorno. Si nos dejamos llevar demasiado por nuestro ego, perdemos conexión con nuestro espíritu, con quienes éramos antes de que la sociedad nos dijera quiénes debíamos ser. Como bien dijo la maestra espiritual Marianne Williamson: «El ego dice: "Cuando todo esté en su lugar, encontraré la paz". El espíritu dice: "Encuentra la paz y todo estará en su lugar"». El ego es esa parte de nosotras mismas que nos incita a luchar por ese ascenso en el trabajo a cualquier precio, mientras que el espíritu nos invita a detenernos y a reflexionar sobre por qué lo deseamos tanto. Nuestra filosofía se centra en detener al ego y permitir que el espíritu ocupe su lugar.

✳ **ENERGÍA**: desde un punto de vista científico, todo es energía. Y también lo es desde una perspectiva espiritual. La energía a la que hacemos referencia en este libro es una especie de fuerza mágica. Es lo que te permite saber que alguien se está acercando a tu espalda sin que te des la vuelta y que puedas intuir lo que está pensando la persona que tienes a tu lado. La energía es una fuerza tangible. La energía positiva surge en esos momentos en los que la luz, el sonido y las sensaciones se combinan para crear cierta electricidad en el aire. Del mismo modo, puedes percibir la energía negativa en cuanto entras a una habitación llena de personas estresadas. Conectar con mayor profundidad con la energía de tu alrededor es otra ventaja de practicar rituales que te impulsan a *sentir* en lugar de *pensar*.

✳ **GRATITUD**: está comprobado que vivir con gratitud lleva a una vida más feliz y saludable. Tomarte un tiempo para recordar cosas por las que te sientes agradecida, ya sea en tu trayecto matutino al trabajo o durante tu meditación nocturna, puede cambiar la forma en que tu cerebro percibe el mundo[1] exterior. Practicar una actitud de gratitud (sobre todo en momentos difíciles, cuando parece que no hay mucho por lo que estar agradecida) es una de las maneras más fáciles de cambiar tu estado de ánimo. Te animamos a que lo hagas con frecuencia.

✳ DAR ESPACIO: darle espacio a alguien significa apoyar a esa persona sin intención de juzgarla. Esto cobra especial importancia durante los rituales comunitarios que implican compartir en grupo. Darle espacio a los demás implica hacerles saber que estás allí para escucharlos sin interferir ni proyectar tus propias opiniones. Significa que no les darás consejos a menos que te lo pidan y nunca los harás sentir culpables o avergonzados por expresar sus ideas.

✳ PROPÓSITO: se trata de la fuerza que mueve todos los rituales de este libro. Vivir con propósito implica hacer más la pregunta «¿Por qué?» y menos «¿Cómo?». Si asignas propósitos simples a las tareas cotidianas (por ejemplo, plantearse el propósito de escribir un diario como una forma de autodescubrimiento o meditar como una manera de liberar estrés), puedes llegar a conectarte más con lo que realmente deseas en la vida, para luego ir a por ello. También puede aliviarte de la presión de hacer algo a la perfección, ya que lo más importante siempre es el porqué.

✳ INTUICIÓN: aunque la intuición suele atribuirse a psíquicos y adivinos, todos somos seres intuitivos. La intuición se manifiesta como una sensación en el estómago y no siempre coincide con lo que está pasando en la mente. Es bastante revelador que el vientre, la parte del cuerpo donde reside la intuición, suela ser la primera zona que apretamos cuando nos sentimos cohibidas o asustadas. Vivir en sintonía con tu intuición implica seguir tus corazonadas y confiar en tu instinto, incluso cuando te resulte incómodo. La respiración profunda abdominal por la que te guiaremos en estos rituales tiene como objetivo conectarte con este poder mágico que posees en tu interior.

✳ **MAGIA**: no hace falta que sea algo espectacular, como sacar un conejo de una chistera o hacer desaparecer una moneda. La magia es cualquier cosa que desafíe la lógica. ¿Alguna vez tuviste la sensación de que el universo está tratando de enviarte un mensaje? Es la magia en su forma más auténtica y elemental. A lo largo de este libro, vamos a explorar la presencia de la magia en lo cotidiano.

✳ **MANIFESTAR**: manifestar tu futuro es una forma de desplegar tu propia magia. La palabra «abracadabra», famoso lema de los místicos, en hebreo significa «creo mientras hablo», y esto ilustra perfectamente el término[2]. La verdadera magia comienza cuando expresas tu verdad y envías un mensaje al universo de que estás lista para cambiar. «Manifestar» significa hacer realidad un objetivo simplemente diciéndolo en voz alta. Puedes manifestar una nueva relación, mejorar tus finanzas, tener más confianza o reducir el estrés. El poder radica en tener claridad sobre lo que realmente deseas para que puedas tomar las acciones que lo hagan realidad.

✳ **ESPIRITUALIDAD**: las expresiones «viaje espiritual» y «camino espiritual» suelen evocar una especie de búsqueda épica para descubrir el significado más profundo de la vida. Pero nosotras concebimos la espiritualidad de una forma un poco distinta. No es una forma de descubrir algo nuevo, sino una manera de conectar con algo ancestral. Los seres espirituales buscan despejar el ruido de la vida moderna para volver a las verdades simples que nuestros antepasados celebraban: el encanto de la naturaleza, el poder de la fe y la fugacidad del tiempo.

✳ **VISUALIZAR**: la visualización y la manifestación van de la mano. Si deseas que algo se convierta en realidad, visualizar cómo se vería en el contexto de tu propia vida es un poderoso punto de partida. Visualizar tu futuro también es una forma de reflexionar sobre lo que realmente deseas. Con frecuencia incorporaremos visualizaciones al inicio de nuestros rituales para ayudarte a identificar qué queremos conseguir con ellos.

✳ **BRUJERÍA**: cientos de miles de mujeres (y algunos hombres también) fueron perseguidas en las cazas de brujas de siglos pasados, simplemente por vivir de acuerdo con sus verdades. Hoy en día, gracias al renacimiento de la brujería, la magia ha pasado de ser motivo de vergüenza a convertirse en una expresión de feminismo y poder. A medida que la sociedad reconoce cada vez más a las mujeres, la brujería se vuelve cada vez más normal. Aunque en este libro no profundizaremos demasiado en el tema de la brujería (sobre todo porque es un tema muy amplio y no podríamos abordarlo en unas pocas páginas), creemos que es la base de todos estos rituales. Podría decirse que los rituales son una forma de brujería, dado que crean algo a partir de la nada y utilizan elementos de la naturaleza para ello.

EL ALMANAQUE ESPIRITUAL

INTRODUCCIÓN AL KIT DE HERRAMIENTAS ESPIRITUAL

A HORA, VAMOS A EXPLORAR LAS HERRAMIENTAS CON LAS QUE experimentarás durante tus rituales. Analizaremos su poder y propósito, profundizaremos en su historia y te enseñaremos a sentirte cómoda mientras los utilizas.

CRISTALES

Los cristales nos atraen por su brillo. Estas piedras de colores, que podemos encontrar en tiendas esotéricas y ceremonias espirituales, han tenido un gran impacto en la conciencia colectiva en los últimos tiempos. Hoy en día, parece que tanto místicos como escépticos están adoptando el uso de los cristales. Puedes encontrarlos en habitaciones con una tenue iluminación y aroma a salvia y sándalo, así como expuestos en librerías locales y tiendas de productos de belleza.

Parte de su atractivo se debe a su estética. Los cristales son bonitos, así de simple. Vienen en una amplia gama de colores: desde naranjas brillantes hasta púrpuras intensos que capturan la luz de la manera adecuada. Las piedras también se presentan en múltiples formas y tamaños para satisfacer cualquier necesidad: las pequeñas que caben en el bolsillo se sienten como pequeños amuletos, mientras que las más grandes pueden convertirse en majestuosas decoraciones en nuestros hogares. Cuando se colocan uno al lado del otro, son una preciosa muestra de la Madre Tierra y su exhuberancia.

No obstante, el atractivo de los cristales va más allá de lo material. Dado que son, literalmente, trozos de la Tierra, se cree que en su interior contienen la sabiduría de millones de años. El simple hecho de interactuar con las piedras podría permitir que parte de esta sabiduría se nos transmitiera. Aunque la eficacia de los cristales en las curaciones carece de evidencias científicas, poder sujetar con tus manos un pequeño fragmento del planeta tiene sin duda un aspecto medicinal.

Para nosotras, el poder de los cristales radica en cómo te relacionas con ellos. La clave está en permitir que tus cristales te recuerden un propósito determinado. Por ejemplo, digamos que tomas una piedra de jade verde, que se cree que atrae la abundancia, durante un período de dificultades económicas. El día que lo haces, piensas en el tipo de abundancia económica que deseas y cómo puedes actuar para conseguirlo. Luego, la colocas en tu escritorio para que, cada vez que te sientes frente a tu ordenador, recuerdes esta meta. La piedra se convierte en un recordatorio constante de tu deseo de ganar más dinero, como si fuera una pequeña animadora que te mantiene fiel a tu intención. Cuando adoptas esta perspectiva, no es tan absurdo pensar que la presencia del cristal puede ayudarte a conseguir un nuevo trabajo o el aumento de sueldo que has estado buscando. Todo se reduce al enfoque 80/20. El cambio se produce cuando te comprometes con el trabajo y una pizca de energía terrenal encantada resulta de gran ayuda.

LA HISTORIA DE LOS CRISTALES

Nuestros ancestros emplearon estos pequeños fragmentos del planeta para todo tipo de sanaciones. Los egipcios enterraban a sus difuntos con un cuarzo para proteger su viaje hacia la vida después de la muerte; en la India, el ámbar se utilizaba como herramienta medicinal para devolver el equilibrio al cuerpo, y los antiguos griegos describieron las piedras como un «seguro [remedio] contra cualquier pesar terrenal» en una inscripción de más de 1500 años[1] atrás.

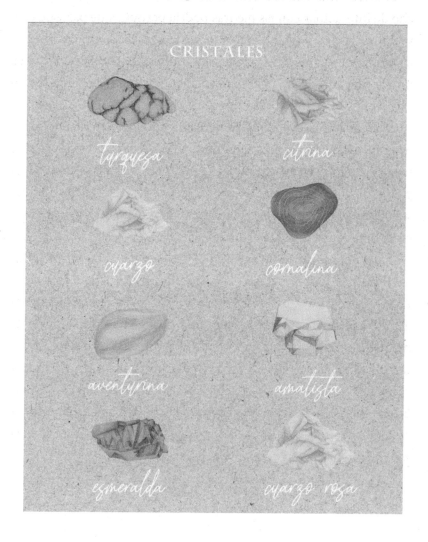

A lo largo de la historia, los distintos relatos dotaron a cada cristal de una personalidad única. «Amatista» deriva de la palabra griega que significa «sobrio», y en el pasado solía ser común llevar un collar de amatista como forma de prevenir la embriaguez y la resaca[2]. Los griegos solían frotarse el cuerpo con hematites triturados antes de la batalla como una especie de escudo, y se cree que la piedra aún posee una energía protectora. La citrina, con su tono brillante, se ha ganado la reputación de ser una piedra de la buena suerte; el cuarzo rosa, de fomentar el amor, y la turquesa, de actuar como una gran sanadora. Repasemos algunos cristales y sus usos más habituales en la actualidad[3]:

AMATISTA: promueve el crecimiento espiritual y potencia la intuición.

AVENTURINA: atrae la riqueza material y la prosperidad emocional.

CORNALINA: supera bloqueos y abre paso a la inspiración creativa.

CITRINA: trae felicidad, alegría y paz.

ESMERALDA: representa el amor y el éxito duradero.

TURQUESA: simboliza la protección, la fuerza y la salud.

CUARZO: el cuarzo blanco aporta claridad y poder; el cuarzo rosa evoca el amor.

ENCONTRAR EL ADECUADO PARA TI

Los cristales se forman cuando los minerales se unen y solidifican en patrones cristalinos uniformes. Los minerales tienen diferentes puntos de fusión, presiones y condiciones, por eso vienen en formas y tamaños únicos. Si bien algunas combinaciones (como el cuarzo blanco y la amatista) son bastante habituales en la naturaleza y podemos encontrarlas en casi todas las tiendas de cristales, otras son consideradas auténticas rarezas y son muy valoradas. Los coleccionistas de cristales están dispuestos a gastarse millones en ciertas piedras, como una turmalina de tapa azul que se vendió recientemente por dos millones y medio de dólares, o pequeños trozos de meteorito que se venden por cinco mil dólares cada uno[4].

Teniendo esto en cuenta, el primer paso antes de comprar cristales es fijarse un presupuesto, pero no te preocupes, los de pequeño tamaño son económicos. Más allá de eso, puedes visitar una tienda esotérica, una tienda de cristales o una feria de gemas sin tener un presupuesto concreto o una idea del tipo de piedra que quieres. Como suele ocurrir con la mayoría de las herramientas espirituales, si un cristal te llama la atención de inmediato, es probable que sea el que está destinado para ti. Desde una perspectiva simbólica, es posible que necesites más de esa energía en tu vida, ya seas consciente de ello o no. Esto también explica por qué puedes sentirte atraída hacia un cristal un mes y hacia otro el mes siguiente; todo tiene que ver con tus necesidades y deseos subconscientes. Así que no te tomes las propiedades de los cristales de forma literal. Sin importar del uso que se le haya dado a una piedra en el pasado, siempre puede convertirse en lo que necesitas en el momento presente.

Si te cuesta encontrar tu cristal a partir de su apariencia, prueba con el tacto. Toma una piedra, sujétala con tus manos y observa si te provoca algo fuera de lo común. Puede que te traiga alguna imagen a la mente, que empieces a ver cierto color o, incluso, que sientas una vibración en tu palma.

Cuando encuentres una que te llame la atención, asegúrate de que sea natural y no artificial. Las piedras falsas tienden a tener burbujas de aire, un color uniforme y presentar grietas muy marcadas. También suelen mostrar un tono blanco en la parte inferior cuando las frotas.

Dado que se cree que los cristales capturan las energías, los pensamientos y hasta las huellas de quienes se cruzan en su camino, deberías «limpiar» el que compres antes de darle la bienvenida a su nuevo hogar, ya sea tu mesita de noche, el alféizar de tu ventana, tu altar o tu escritorio. Para hacerlo, puedes utilizar una vara de salvia (hablaremos de ello más tarde) para sahumarlo, la luna para bañarlo en luz o agua para darle un baño más literal. No importa cómo elijas limpiar tu cristal, el simple hecho de hacerlo es una señal de que estás dispuesta a recibirlo en tu vida. Es como si presionaras un botón para reiniciarlo y que sintonice contigo y solamente contigo. De nuevo, todo depende de la intención. Estás afirmando tu posesión sobre el cristal y mostrando tu disposición para trabajar en comunión con esta herramienta.

A partir de ahí, puedes decidir qué deseas que represente tu nuevo cristal y qué quieres atraer a tu vida. ¿Fuerza? ¿Amor? ¿Tranquilidad? Las posibilidades son infinitas.

CÓMO UTILIZAR LOS CRISTALES

* **SUJÉTALOS MIENTRAS MEDITAS**: cuando hayas programado tu cristal con un propósito concreto, sujétalo en tu mano durante una meditación o visualización, e imagina cómo cobra vida ese propósito.

* **COLOCA LOS CRISTALES EN TU ALTAR**: poner cristales en tu altar (página 81) es una forma preciosa de impregnar el espacio sagrado con una energía terrenal y enraizante.

* **COMPÁRTELOS COMO REGALOS**: los cristales son regalos muy personales. Elige una piedra con propiedades que creas que un amigo o ser querido podría aprovechar. Asegúrate de limpiarla e impregnarla con tu propia dosis de energía positiva antes de entregarla.

* **LLÉVALOS CONTIGO**: los cristales pequeños pueden acompañarte en tu bolso, bolsillo o incluso en el sujetador, y así cumplir su papel de recordarte constantemente tu conexión con el espíritu y la Tierra.

RITUALES EXPRÉS

A continuación te presentamos algunos de nuestros rituales favoritos con cristales, los cuales puedes hacer en cinco minutos. Anímate a probarlos para sentirte cómoda con esta herramienta antes de llevar a cabo rituales estacionales más complejos.

UN RITUAL CON CRISTALES PARA RELAJARSE ANTES DE DORMIR

1. Cuando estés acostada en la cama, coloca un cristal pequeño en tu entrecejo. En la antigua tradición de la India, se dice que esta zona corresponde al chakra del tercer ojo, que controla la intuición y la conciencia.

2. Cierra los ojos, respira profundamente varias veces e imagina que el cristal absorbe cualquier pensamiento de preocupación o negatividad que haya quedado del día. Visualiza cómo libera espacio en tu mente para dárselo a los sueños y luego coloca el cristal en tu mesita hasta la noche siguiente.

También puedes poner un cristal en tu pecho antes de dormir. Observar cómo sube y baja al ritmo de nuestra respiración es muy relajante.

UN RITUAL CON CRISTALES PARA PURIFICAR TU HOGAR

1. Consigue un frasco o recipiente de vidrio y llénalo de agua. Coloca dentro el cristal y déjalo reposar durante unas horas o toda la noche.

2. Luego, vierte el agua en un pulverizador y añade unas gotas de aceite esencial si deseas un toque aromático.

3. Cada vez que te sientas un poco triste, bloqueada o simplemente desanimada en casa, tómate un minuto para rociar en el aire un poco de agua impregnada con la energía de los cristales; así llenarás el ambiente con tu intención.

A nosotras nos gusta hacer una nueva mezcla al inicio de cada estación. Elegimos la combinación de cristales conforme lo que necesitamos en ese momento del año.

HIERBAS Y PLANTAS

Las hierbas y plantas tienen un poderoso efecto curativo y han sido utilizadas como medicina desde hace siglos. De hecho, en algunas lenguas nativas, «plantas» podría traducirse como «aquellos que cuidan de nosotros»[5]. Esto respalda las dietas a base de plantas con las que estamos familiarizadas en el ámbito del bienestar, pero también los beneficios del uso de las plantas en cantidades mucho más pequeñas.

La herbolaria, práctica ancestral que emplea hierbas para la curación física y mental, está rodeada por el misterio y la superstición. Las antiguas culturas asociaban las hierbas con el mundo espiritual y los miembros de la comunidad que entendían el lenguaje de las plantas eran muy respetados. Conocidos como «chamanes» y «hombres de medicina», estos sanadores aprovechaban las poderosas propiedades medicinales de las plantas en su papel de intermediarios con los reinos superiores.

Con la medicina moderna, aprendimos que las propiedades calmantes de las hierbas pueden ser aisladas, extraídas y utilizadas para desarrollar medicamentos. Aunque actualmente estamos presenciando el auge de los fármacos sintéticos, el origen de la mayoría de los medicamentos en Occidente son compuestos botánicos.

La ciencia ha desempeñado un importante papel al explicarnos la medicina herbal, lo que ha dejado poco espacio para la investigación. Sin embargo, algunas personas todavía tienen un deseo ferviente de conectarse con el lado más mágico y enigmático de la herbolaria. Las ceremonias de medicina herbal que utilizan potentes mezclas, como la ayahuasca, son populares entre quienes sienten curiosidad por emprender viajes espirituales. Muchas personas se dirigen en masa hacia las remotas selvas de Costa Rica (o a los sótanos de Brooklyn) para emprender un viaje hacia la imprevisibilidad de lo desconocido.

LA HISTORIA DE LAS HIERBAS

El primer registro escrito sobre el uso de hierbas para tratar la salud se remonta a cinco mil años[6] atrás. En un texto chino llamado *Shennong Ben Cao Jing*, que se podría traducir como «El clásico de la medicina herbolaria», se presentan las propiedades curativas de más de trescientas hierbas, muchas de las cuales todavía se emplean en la medicina actual. El Ayurveda, la práctica india para prevenir enfermedades al equilibrar las diferentes energías del cuerpo, también empezó a recurrir a las hierbas hace miles de años. Alrededor del 800 a. C., se fundó en India uno de los primeros precursores de los hospitales modernos, con estanterías llenas de miles de hierbas, desde las menos conocidas (raíz de shatavari, tallo de guduchi) hasta las más habituales (regaliz, *ashwagandha*).

El proceso de decidir qué planta debía usarse para cada dolencia solía ser experimental, aunque el exterior de una hierba, como su color, aroma o forma, a menudo daba pistas sobre la curación que albergaba en su interior. Por ejemplo, las hierbas utilizadas para tratar la ictericia solían tener flores amarillas, que reflejaban el tono de la piel de un paciente cuando tenía esa enfermedad[7]. En cambio, las violetas se usaban para problemas cardíacos debido a sus pétalos en forma de corazón. El antiguo comercio de especias difundió estas poderosas hierbas por Asia y el Mediterráneo, donde adquirieron un inmenso valor. Muchas de las hierbas que hoy en día son habituales, en aquel entonces se valoraban mucho por su rareza, y se dice que ciertos soldados solían recibir su paga en sal, lo que dio origen a la palabra «salario» y a la expresión «No vale su sal».

A lo largo de los años, las plantas se han utilizado tanto en tiempos de guerra como de paz. Los cirujanos que acompañaban a los ejércitos utilizaban hierbas para tratar las heridas de batalla, mientras que las flores eran las protagonistas en las celebraciones.

Más allá de sus usos prácticos, las hierbas, las plantas, las flores y otros elementos naturales adquirieron un atractivo olvidado con el paso del tiempo. Dado que las plantas provienen de la tierra, los místicos solían incorporar su energía en rituales y hechizos. Cuando acusaron a Juana de Arco de brujería, utilizaron el hecho de que ella llevara consigo raíces de mandrágora como evidencia[8].

En la actualidad, las hierbas siguen teniendo un valor inmenso, sobre todo en círculos espirituales. No puedes entrar en una tienda esotérica sin sentirte rodeada por los aromas de la salvia o la estevia; fragancias relacionadas con la purificación y la energía positiva. Incluso en el simple acto de tomar té hay una sensación vagamente espiritual: el proceso constante de infusionar flores y hierbas en agua, y el lento sorbo que permite captar la esencia de la tierra.

ENCONTRAR LAS HIERBAS ADECUADAS PARA TI

Las hierbas son herramientas muy diversas y versátiles, por lo que puede llevar un tiempo dar con las que se ajusten más a tus necesidades.

Las regiones ricas en biodiversidad son focos de plantas medicinales silvestres. Lugares como las selvas de Costa Rica albergan miles de especies, cada una con sus propiedades únicas. Al igual que los cristales, las hierbas cuentan la historia de las tierras de donde provienen. El primer paso es encontrar una que te llame la atención; luego puedes decidir cómo emplearla. Las plantas pueden consumirse en forma de tinturas e infusiones, o aplicarse tópicamente; también pueden convertirse en aceites esenciales y aerosoles, o quemarse para aprovechar su humo.

Para los objetivos de este libro, utilizaremos hierbas secas para limpiar espacios y preparar tés, así como hierbas y flores frescas para baños y purificaciones. Si bien puedes encontrar plantas secas y frescas en cualquier supermercado, mercado de agricultores o herbolario, asegúrate de que sean de calidad y tengan un bajo impacto ambiental. Puedes cultivarlas tú misma o comprar cuando sea posible las que hayan sido cultivadas de manera orgánica o recolectadas de forma silvestre. Estas últimas se recolectan en su entorno natural, por lo que no deberían contener fertilizantes químicos ni pesticidas. En general, utilizaremos las hierbas de forma tópica, pero cuando las consumas, asegúrate de estar informada y comenzar con cantidades pequeñas para ver cómo reacciona tu organismo.

CÓMO UTILIZAR HIERBAS Y PLANTAS

* **QUEMA UN RAMILLETE DE HIERBAS:** se cree que el humo de la salvia seca, la estevia o la lavanda, atadas con una cuerda, purifica el espacio y le infunde energía positiva. Culturas de todo el mundo han aprovechado este conocimiento durante siglos. También puedes utilizar el humo para «limpiar» otras herramientas esotéricas con las que trabajarás, como cristales y mazos de tarot.

* **HAZ UN RITUAL DE TÉ**: al beber un té más o menos a la misma hora todos los días, le estás señalando a tu cerebro que es momento de despertar, calmarse o mantener la concentración. El té también puede emplearse para fomentar la conexión, y las ceremonias de té con amigos son maravillosas oportunidades para reunirse y hacer algo diferente.

* **PREPARA UNA TINTURA**: las tinturas madre, que son muy populares en las comunidades de medicina holística, se elaboran a partir de la maceración de las plantas en alcohol. Si bien no suelen tener el mejor sabor, unas gotas al día pueden aliviar desde un malestar estomacal hasta alergias o falta de claridad mental, según qué hierbas se utilicen. También puedes evitar el alcohol y usar la mezcla como agua de belleza y rociártela en la cara para refrescarte.

* **PRUEBA HACER UNA LIMPIEZA FACIAL CON VAPOR**: no hay nada más lujoso que el vapor de flores. Mezcla flores, hierbas y agua caliente en un recipiente, coloca tu cara a unos pocos centímetros del agua y respira.

RITUALES EXPRÉS

A continuación te presentamos algunos de nuestros rituales favoritos con hierbas, que puedes hacer en cinco minutos. Anímate a probarlos para sentirte cómoda con esta herramienta antes de llevar a cabo rituales estacionales más complejos.

EL RITUAL DE SAHUMAR PARA LOS NUEVOS COMIENZOS

1. Enciende un ramillete de hierbas sobre una caracola marina grande. De esta manera, se incorpora un elemento acuático a las energías de fuego, tierra y aire que ya están en juego. Si no tienes una caracola, puedes utilizar un platito o un cuenco pequeño.

2. Apaga la llama de inmediato y deja que el humo se propague mientras caminas por el entorno, repitiendo internamente o en voz alta: «Aquí es donde comienzo de nuevo».
3. Después de unos momentos, deja que el humo se extinga solo o apágalo en la caracola.

Puedes llevar a cabo este ritual por toda tu casa o sobre una nueva adquisición que quieras impregnar de energía positiva antes de empezar a utilizarla. A nosotras nos gusta hacer esto con la ropa nueva, en especial con la que encontramos en tiendas de segunda mano, ya que han tenido toda una vida antes.

EL RITUAL DE INCIENSO PARA UNA SESIÓN DE TRABAJO PROFUNDA

1. Las varitas de incienso son otra increíble herramienta herbal que puedes encontrar en las tiendas naturistas o esotéricas. Escoge una fragancia que te guste y enciéndela justo antes de que vayas a ponerte manos a la obra.
2. Cuando la enciendas y apagues la llama, deja que el humo se escape y visualízate acabando la tarea que tienes por delante.
3. Estimulada por el humo aromático, trabaja sin interrupciones hasta que la varita de incienso se haya consumido por completo.

Durante el proceso de escribir este libro, encender una varita de incienso se convirtió en una señal de que era hora de ponerse a trabajar. Hemos descubierto que resulta muy útil a primera hora de la mañana o durante la noche.

ACEITES ESENCIALES

El aroma es un mensajero poderoso, capaz de transportarnos a un tiempo y lugar totalmente distintos. La química cerebral es lo que permite ese viaje. Cuando inhalas un aroma, este viaja por la nariz hasta llegar al nervio olfativo del cerebro. Una vez que tu cerebro lo ha procesado, envía una señal a la amígdala y al hipocampo, las regiones que almacenan emociones y recuerdos. Las experiencias visuales, auditivas y táctiles no pasan por las mismas áreas del cerebro. Es por ello que los olores pueden desbloquear momentos que pensábamos que habíamos olvidado. De hecho, se ha descubierto que los recuerdos relacionados con los olores se remontan más atrás en el tiempo que los evocados por cualquiera de los otros sentidos[9].

El aroma también puede cambiar la forma en que vivimos el momento presente. Cualquiera que haya estado en un sótano con mal olor y lleno de gente experimentó un alivio instantáneo con la primera bocanada de aire fresco al salir. Por eso no es de extrañar que la aromaterapia sea el tratamiento alternativo más popular para el estrés y la ansiedad en todo el mundo[10].

Una de las formas más efectivas de calmarse a una misma con aromas es utilizando aceites esenciales. Estos se obtienen a partir de la extracción de los compuestos concentrados que están presentes en flores, hierbas, hojas, raíces y árboles. Estos compuestos son antisépticos, lo que significa que ayudan a prevenir la propagación de infecciones, y son los responsables de los aromas característicos de las plantas.

Extraerlos no es tarea fácil. Se necesitan sesenta mil flores de rosa para producir unos treinta mililitros de aceite esencial; las flores de jazmín deben ser recolectadas el primer día de su floración para conservar su poder aromático, y un árbol de sándalo debe tener al menos treinta años y medir casi diez metros de altura antes de que se pueda extraer su aceite[11]. Pero el resultado hace que todo el esfuerzo valga la pena. Los aceites esenciales son medicamentos naturales potentes que se pueden ingerir o aplicar en la piel, propagar por el aire o inhalar directamente del frasco. Pueden despertarnos y relajarnos, agudizar la mente y aliviar el dolor, y así convertirnos en poderosos alquimistas cada vez que destapamos el frasco.

LA HISTORIA DE LOS ACEITES ESENCIALES

Hipócrates, el médico de la antigua Grecia conocido como «el padre de la medicina», lo expresó de manera simple y sabia con estas palabras: «El camino a la salud es tomar un baño aromático y recibir un masaje perfumado todos los días»[12]. Las culturas que aprovecharon las hierbas con fines medicinales también estaban a la vanguardia en cuanto a los aromas. Los aceites esenciales eran habituales en las prácticas ayurvédicas y la medicina china, y se mencionan en la Biblia más de doscientas veces[13]. Sin embargo, fueron los antiguos egipcios quienes perfeccionaron esta herramienta de sanación. Pusieron en práctica la famosa técnica del uso de incienso, mirra y sándalo para tratar diversas heridas y emplearon aceites esenciales para embalsamar cuerpos, y así crearon una conexión entre los difuntos y lo divino. Incluso, siglos después de las primeras excavaciones[14], se han encontrado vestigios de lirio azul en cuerpos momificados. Hoy en día, algunos de estos aromas todavía nos resultan familiares y evocan festividades y tradiciones con sus intensos aromas florales.

Con el tiempo, ciertos olores han adquirido un significado romántico y espiritual. Pensemos en historias como la de Cleopatra atrayendo a Marco Antonio a su lecho con el aroma de las rosas, o los médicos europeos que quemaban incienso en las calles para protegerse de enfermedades y espíritus malignos durante la peste bubónica[15].

Los diversos usos de los aromas se han documentado en libros sobre aceites esenciales, siendo uno de los más antiguos *Complete*

Herbal, que fue publicado en 1653. La información que había sobre los aceites esenciales no era novedosa en aquella época, lo que sugiere que tenemos acceso a algunos de los sanadores más antiguos. En referencia a las propiedades de los aceites esenciales de las flores de manzanilla, el autor Nicholas Culpeper escribió: «Es un conocimiento tan difundido que describirlo sería una pérdida de tiempo y de trabajo»[16].

Un aceite para cada estado de ánimo

Hoy en día, circulan más de trescientos aceites esenciales y cada uno tiene propiedades únicas. A continuación mencionamos algunos de los más destacados para cada estado de ánimo[17]:

Si necesitas calmar una mente acelerada:
Bergamota
Jazmín
Sándalo
Ylang-ylang

Si necesitas energía:
Cajeput
Albahaca dulce
Cítricos (pomelo, limón, lima, mandarina, etc.)
Menta y hierbabuena

Si necesitas concentrarte:
Pino
Menta
Romero
Cedro

Si necesitas dormir:
Lavanda
Vetiver
Manzanilla romana
Incienso

ENCONTRAR EL ACEITE ESENCIAL ADECUADO PARA TI

Puede parecer obvio, pero antes de invertir en un aceite esencial, asegúrate de que realmente te gusta su aroma. ¡No lo escojas solo por sus propiedades curativas! Así como ciertos olores pueden transportarnos a lugares felices al instante, otros pueden acabar con nuestro estado de ánimo.

Otro factor a tener en cuenta es la gran diferencia de precio entre los aceites, ya que algunos son mucho más difíciles de extraer.

Treinta mililitros de aceite de rosa otto se venden por cuatrocientos dólares como mínimo, mientras que aromas como la lavanda, el árbol de té y los cítricos te costarán solo unos pocos dólares. Si estás comenzando, puede que sea una buena idea empezar con aromas más económicos y luego avanzar hacia los más lujosos.

Más allá del tipo de aceite que estés buscando, asegúrate de que sea de buena calidad. Algunos fabricantes diluyen sus aceites o los crean en un laboratorio en lugar de extraerlos de las plantas y, aunque estas mezclas pueden oler igual de bien, no tienen los mismos beneficios. A veces, el olfato por sí solo no puede distinguir lo auténtico de lo falso, por lo tanto, es recomendable investigar al fabricante[18]. Si en la etiqueta se encuentran tanto el nombre común como el nombre del aceite en latín, su lugar de origen y una certificación de producto orgánico, es una buena señal. No prestes atención a la «calidad» del aceite, ya que no está regulada; en su lugar, siempre que puedas, elige aceites de pequeños productores.

Guárdalos en un lugar fresco y seco para que conserven su eficacia durante más tiempo, y dentro de recipientes de vidrio, no de plástico. Los aceites pueden extraer los productos químicos del plástico, lo que los hace menos fragantes y en algunos casos hasta peligrosos.

Acerca de la aplicación segura

* Cuando pruebes un nuevo aroma, coloca un poco sobre tu mano y llévalo a tu nariz en lugar de inhalar del frasco. Oler directamente un aroma que no te gusta puede ser muy desagradable.

* Antes de aplicarte aceites en la piel, asegúrate de que sean seguros para uso tópico. (Algunos aceites no lo son y una búsqueda rápida en Google te ayudará a averiguarlo). Luego, mézclalos con un aceite portador, como el de jojoba, coco o semilla de uva, en una proporción de al menos cinco gotas de aceite portador por cada gota de aceite esencial. Aunque algunos aceites pueden aplicarse directamente sin un aceite portador, es recomendable realizar una prueba cutánea para comprobar cómo reacciona.

* Si tienes la piel muy sensible, aplica primero los aceites en la planta de los pies, ya que esta área tiene una piel más resistente[19].

* Si deseas eliminar un aceite que te irrita la piel, frótalo con un aceite portador y agua hasta retirarlo por completo.

* Evita la exposición directa al sol después de aplicarte un aceite, especialmente si es cítrico, ya que puede provocar un enrojecimiento temporal, irritación o incluso oscurecimiento de la piel.

CÓMO UTILIZAR LOS ACEITES ESENCIALES

* **CREA TU PROPIA MEZCLA**: consigue una botella de vidrio, un aceite portador y algunos aceites esenciales de aroma agradable, y experimenta para ver qué combinaciones puedes crear. Hacer tu propia mezcla es una forma divertida de jugar con los aromas y los resultados pueden convertirse en remedios habituales cuando estás congestionada, lista para dormir o buscando concentración.

* **DIFUNDE UN ACEITE**: utiliza difusores de aceites esenciales para propagar tu aroma favorito en una habitación. Difunde durante

una o dos horas cada vez. Si lo haces durante más tiempo, tienden a perder su potencia.

✳ **INCORPÓRALOS EN TU RUTINA DE BELLEZA**: los aceites aportan impresionantes beneficios cosméticos, desde nutrir la piel seca hasta calmar las picaduras de insectos. Por lo tanto, puedes elaborar tu propio limpiador o humectante y adaptarlo a tus propias necesidades.

RITUALES EXPRÉS

A continuación te presentamos algunos de nuestros rituales aromáticos favoritos, que puedes hacer en cinco minutos. Anímate a probarlos para sentirte cómoda con esta herramienta antes de llevar a cabo rituales estacionales más complejos.

UN RITUAL DE AROMATERAPIA PARA ENERGIZARTE

1. Combina varios aromas energizantes (nos encanta el limón y la lima) en dos frascos de vidrio hasta que obtengas unas mezclas que te resulten agradables.
2. Coloca uno de los frascos en tu escritorio o donde suelas trabajar. Pon el otro en tu bolso o en lo que lleves contigo durante el día.
3. Cuando sientas que te falta energía, inhala durante unos segundos por cada fosa nasal. Cierra los ojos y visualiza cómo revitalizan los aromas ambos lados de tu cerebro. También es un gran recurso cuando viajas.

Emma se ha ganado la reputación de ser una fanática del aceite de limón. Siempre lleva un frasco al trabajo y lo comparte con cualquiera que parezca estresado, agotado o decaído.

1. Diluye unas gotas de aceite de eucalipto en un aceite portador y mézclalas a fuego lento con cera de abejas hasta que esta se derrita.
2. Vierte la mezcla en un recipiente de vidrio con una abertura amplia y deja que se enfríe y endurezca.
3. Si alguna vez te sientes congestionada, con dolor de cabeza o con malestar general antes de acostarte, masajea suavemente tu pecho y frente con el bálsamo (recuerda hacer antes una prueba en una pequeña zona de piel). Respira profundamente y visualiza cómo alivia el aroma cualquier molestia de tu cuerpo.

Este remedio nos recuerda al bálsamo Vicks VapoRub, que nuestros padres solían ponernos cuando éramos niñas, por lo que nos da una reconfortante sensación de familiaridad.

ASTROLOGÍA

La astrología, una de las tradiciones más antiguas de la humanidad para entender el cielo, parece tener hoy más influencia que nunca.

Para algunas personas se trata de simples horóscopos: predicciones diarias, semanales y mensuales que prometen brindar cierta previsibilidad en un mundo cada vez más caótico. Escuchar lo que el zodíaco tiene que decir sobre las tendencias de nuestro signo nos ofrece una explicación para aquellas cosas que no se pueden expresar fácilmente con palabras.

Pero si solo exploras la astrología para averiguar cómo será tu semana o lo compatible que eres con tu pareja, no estás aprovechando al máximo esta herramienta. Leer tu carta natal, que muestra la posición de los planetas cuando diste tu primer aliento, es una inmersión mucho más profunda en las fuerzas cósmicas que influyen en tu vida. Esta carta va más allá de tu signo solar (el que se usa en los horóscopos tradicionales) y proporciona otros pequeños datos sobre tu carácter.

En pocas palabras, la astrología es una herramienta que te invita a reflexionar sobre ti misma y tu espíritu. Te obliga a considerar cosas como la forma en que procesas tus emociones, por qué puedes sentir una atracción inconsciente hacia ciertas personas y qué te hace falta para sentirte realizada. A pesar de su importancia, a veces no nos tomamos el tiempo de pensar en estos rasgos porque estamos inmersas en nuestra ajetreada rutina diaria. ¿Cuándo fue la última vez que un médico te pidió que calificaras tu inteligencia emocional en una escala del 1 al 10 o te pidieron que describas tu última corazonada en una solicitud de empleo?

Desde una perspectiva práctica, mirar tu vida a través de la astrología puede proporcionarte información sobre tu personalidad que no hubieras descubierto de otra forma. Y, desde una perspectiva más simbólica, leer tu carta natal te recuerda que la experiencia humana en parte está influenciada por el cosmos. Además, hay algo reconfortante en su simplicidad: la idea de que, en tiempos de paz o guerra, de caos o calma, la humanidad puede encajar en doce pequeñas categorías.

LA HISTORIA DE LA ASTROLOGÍA

Los orígenes de la astrología se remontan a la antigua Babilonia, donde los adivinos observaban patrones en la naturaleza para tratar de entender lo que sucedía a su alrededor. Operaban bajo la idea de que los dioses dejaban pistas sobre el futuro en lugares donde sabían que los seres humanos podrían encontrarlas[20]. Esta filosofía inspiró a los griegos a crear el zodíaco tal como lo conocemos hoy en día, al que llamaron *zodiakos kyklos* o «círculo de animales»[21]. Luego, asignaron a cada uno de los doce signos unos animales y dioses concretos. Por ejemplo, Aries adoptó la mascota de un carnero, en referencia al mito de un carnero de oro que salvó a dos niños de ser sacrificados. Leo se convirtió en un león, un animal que Hércules tuvo que vencer para expiar sus errores.

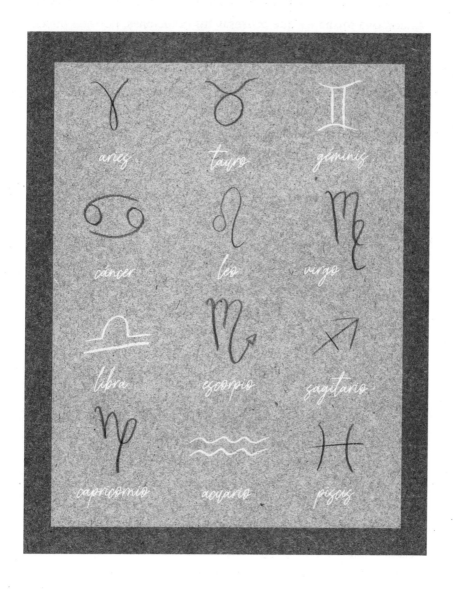

La filosofía pitagórica del griego Pitágoras también influyó en la astrología al considerar que cada ser humano es un microcosmos del universo y que nuestros cuerpos son simples vehículos a través de los cuales se manifestaba la energía cósmica[22]. Esta idea se reflejó en la literatura y el arte durante los siglos posteriores, como en *La divina comedia* de Dante, un poema épico del siglo XIV que muestra el viaje del alma a través de los planetas hasta llegar al Paraíso[23].

El auge de la práctica astrológica tuvo lugar en la Europa renacentista[24], cuando se escribieron libros de texto sobre esta disciplina, los profesores la enseñaban en las universidades y el rey Enrique VII inició la moda de que la realeza consultara a astrólogos cortesanos para planificar estrategias[25]. A lo largo de la historia, especialmente en épocas de conflictos y guerras, los adivinos eran buscados por sus profecías. Sin embargo, con el tiempo, la falta de apoyo de la comunidad científica y la religiosa (si las estrellas eran las encargadas de dictar el futuro, ¿dónde encajaba la figura de Dios?) hizo que la astrología cayera en el olvido.

La astrología moderna, tal como la conocemos hoy en día, comenzó a tomar forma en la década de 1930 con un periodista británico llamado R. H. Naylor. Este siguió los pasos de un anciano chamán y astrólogo conocido como Cheiro, que solía leer las palmas de las manos de personas famosas (como Mark Twain, Grover Cleveland y Winston Churchill, según los rumores). Naylor llevó el conocimiento que adquirió en esta experiencia al primer horóscopo impreso en un periódico, *The Sunday Express*[26], y que fue seguido por la nueva integrante de la familia real británica, la princesa Margaret. Lectores de todo el mundo leyeron el horóscopo, lo que llevó a Naylor a dedicar toda una columna a la astrología. Dice la leyenda que se volvió muy famoso después de que uno de sus artículos predijera con precisión el accidente de un avión británico. Como resultado, otras publicaciones buscaron imitar su éxito con sus propios horóscopos.

CÓMO INTERPRETAR TU CARTA NATAL

A simple vista, tu carta natal puede parecer un conjunto desordenado de formas, símbolos y números. Aunque podría escribirse un libro entero sobre cómo interpretarla (de hecho, existen muchos), aquí tienes una breve guía para ayudarte a entenderla.

1. **TU _BIG THREE_**: tres de los indicadores más importantes de tu personalidad son los signos zodiacales en los que caen tu sol, luna y ascendente. El signo solar, el más conocido en la astrología occidental, representa tu identidad y tu necesidad externa de validación. El signo lunar, en cambio, se refiere a tu subconsciente, a tu verdadera naturaleza, y da origen a tus necesidades y emociones más profundas. Su energía femenina equilibra la energía masculina de tu signo solar y constituye la raíz interna de tu personalidad. Tu ascendente, que es la constelación que estaba en el horizonte en el momento de tu nacimiento, simboliza cómo te presentas a los demás y cómo estás evolucionando hacia la misión de tu vida.

2. **LOS PLANETAS**: los ocho planetas que rodean la Tierra (sí, Plutón aún cuenta en astrología) también se ubican en signos en tu carta natal. Cada uno de estos planetas influye en cómo experimentas diferentes aspectos de la vida, como la comunicación (Mercurio), el manejo del poder (Plutón) y cumplir tu propósito (Saturno). Cada uno de estos planetas está relacionado con un signo zodiacal en particular. Tu «planeta regente» es el que se asocia con tu signo ascendente. Por ejemplo, si tu ascendente es Virgo, tu planeta regente es Mercurio, y es probable que los movimientos de Mercurio tengan un impacto más importante en tu vida.

3. **NODOS NORTE Y SUR**: los nodos norte y sur de la luna (los puntos donde entra en un eclipse) se encuentran uno frente al otro en tu carta natal. El nodo norte representa tu destino, mientras que el nodo sur refleja los patrones menos favorables que buscas dejar atrás, es decir, aquellos que deseas superar.

4. **LAS CASAS**: tu carta natal se divide en doce casas, y cada una de ellas es una porción del pastel astrológico. Las casas en las que se encontraban tu sol, luna, planetas y nodos cuando naciste dictan dónde es probable que se manifiesten sus cualidades. Hay una casa para la familia, el hogar, las finanzas, etc. Se construyen unas sobre otras hasta converger en la duodécima casa y luego se desglosan una vez más. Entonces, si tu signo solar es Leo y cae en la quinta casa (la cual se relaciona con el romance), es probable que muestres tu naturaleza creativa y curiosa principalmente en tus relaciones. Si tu nodo norte está en la tercera casa (comunicación), es posible que tu destino sea convertirte en una respetada autora.

A continuación encontrarás un desglose de todas las casas:

1. Identidad, el «yo», bienestar y personalidad.

2. Autoestima, cómo te valoras a ti misma, ingreso de dinero.

3. Autoexpresión, comunicación, primeras etapas del desarrollo durante la infancia.

4. Seguridad y protección en el mundo, familia.

5. Cocreación, romance, diversión, creatividad, hijos.

6. Salud, estabilidad, rutinas diarias, trabajo cotidiano.

7. Relaciones contractuales como el matrimonio, relaciones comerciales y contratos.

8. Transformación, recursos compartidos.

9. Religión, cosmovisión, educación superior, viajes internacionales.

10. Prestigio, estima, cómo te ven y respetan, éxito profesional.

11. Esperanzas y deseos, manifestación, grupos y amigos.

12. Desintegrarse para reinventarse, espiritualidad, eliminar lo inconsciente.

Y luego están las características de cada signo. Para nosotras, tiene mucho sentido comparar la energía de un signo con las estaciones en el hemisferio norte. Todos estamos familiarizados con los sentimientos que evocan los ciclos del año y no resulta difícil imaginar que nacemos bajo la influencia de las características de la estación en la que venimos al mundo.

ARIES (DEL 21 DE MARZO AL 21 DE ABRIL, FUEGO): Aries, el primer signo del zodiaco, es un líder intrépido. Su estación coincide con el inicio de la primavera, cuando el mundo comienza a despertar con la energía característica del carnero. Al igual que las primeras hojas que reaparecen en los árboles, este signo es llamativo, colorido y lleno de vitalidad.

TAURO (DEL 20 DE ABRIL AL 20 DE MAYO, TIERRA): la estación de Tauro implica apreciar las nuevas abundancias de la primavera. Este signo terrenal está conectado a la tierra y agradecido por las cosas buenas de la vida. Piensa en pícnics, largos paseos al aire libre y la belleza de las flores frescas.

GÉMINIS (DEL 21 DE MAYO AL 20 DE JUNIO. AIRE): las personas de Géminis son grandes comunicadoras y las mueve la curiosidad por todo lo que les rodea. Viajarán cortas y largas distancias en busca de nuevas historias y experiencias, por lo que tiene sentido que este signo caiga durante el inicio de las vacaciones de verano.

 CÁNCER (DEL 21 DE JUNIO AL 22 DE JULIO. AGUA): Cáncer llega al comienzo del verano, con una energía profundamente emocional, intuitiva y sentimental. Este signo refleja el anhelo de sentirse en casa, una sensación que suele surgir durante las vacaciones, la necesidad de encontrar familiaridad en lugares desconocidos.

 **LEO (DEL 23 DE JULIO AL 22 DE AGOSTO. FUEGO):** cuando llega el apogeo del verano, Leo emerge como el creativo destacado del zodiaco. Este expresivo signo de fuego es un líder audaz y lo alimenta el calor y la energía de la estación.

 **VIRGO (23 DE AGOSTO AL 22 DE SEPTIEMBRE. TIERRA):** a medida que el verano llega a su fin y todos volvemos a la sobriedad tras su opulencia, la energía de Virgo nos ayuda a poner nuestra vida en orden. Este signo, el más organizado y detallista del zodiaco, anuncia el regreso a la escuela y al trabajo.

LIBRA (23 DE SEPTIEMBRE AL 22 DE OCTUBRE. AIRE): Libra, representado por las balanzas, siempre busca la equidad y la justicia. A medida que nos adentramos en el otoño, aparecen temas relacionados al equilibrio.

Comenzamos a vivir la vida tanto en el interior como en el exterior, sumergimos los pies en la introspección del invierno y conservamos parte de la energía orientada hacia el exterior, propia del verano.

ESCORPIO (23 DE OCTUBRE AL 21 DE NOVIEMBRE, AGUA): la estación de Escorpio marca el comienzo del clima más frío y de noches más largas. Este signo está relacionado con los misterios y no teme explorar temas más oscuros como la muerte, la pérdida y las luchas de poder.

SAGITARIO (22 DE NOVIEMBRE AL 21 DE DICIEMBRE, FUEGO): Sagitario es un signo de soñadores. Cuando abrazamos la oscuridad del otoño, este signo nos invita a salir y explorarla, por lo que es apropiado que caiga durante épocas de reuniones sociales como las fiestas navideñas.

CAPRICORNIO (22 DE DICIEMBRE AL 19 DE ENERO, TIERRA): Capricornio es el sabio y práctico hacedor del zodiaco. La estación de Capricornio coincide con el año nuevo del calendario, lo que nos ayuda a establecer y cumplir nuestras resoluciones.

ACUARIO (20 DE ENERO AL 18 DE FEBRERO, AIRE): a medida que nos acercamos al final del zodiaco, Acuario emerge como el gran unificador. Reúne a todos los signos que le preceden para que podamos avanzar hacia algo más grande como un todo colectivo.

PISCIS (19 DE FEBRERO AL 20 DE MARZO, AGUA): el último signo del zodiaco, Piscis, trae consigo una energía reflexiva y esotérica. Marca el final, pero también el comienzo, y nos lleva hacia una nueva estación y oportunidad para recorrer las expansiones del zodiaco.

HACER QUE LA ASTROLOGÍA FUNCIONE A TU FAVOR

Creemos que la astrología es una buena forma de explorar tu energía inherente y tus preferencias. Pero también sabemos que el libre albedrío es auténtico. Si bien siempre es divertido leer sobre lo que podría estar «escrito en las estrellas» para nosotros, a fin de cuentas, la dirección de nuestra vida está en gran medida moldeada por nuestro entorno y experiencias. La mayoría de los astrólogos te dirán lo mismo. Esto explica por qué los gemelos pueden tener cartas natales idénticas pero personalidades distintas y por qué aquellos nacidos durante la misma época del año pueden tener experiencias de vida tan diferentes.

Te recomendamos utilizar la astrología como una herramienta para reflexionar sobre lo que te hace ser tú misma: deseos, necesidades, anhelos, peculiaridades y ocurrencias que permanecen constantes cuando todo a tu alrededor cambia.

CÓMO UTILIZAR LA ASTROLOGÍA

✳ **HAZ QUE UN EXPERTO INTERPRETE TU CARTA NATAL:** puedes acceder a tu carta natal en línea siempre y cuando sepas la hora y el lugar de tu nacimiento. Si eres nueva en la astrología, hacer que un experto interprete tu carta puede revelarte muchas cosas interesantes que quizás no habrías descubierto por tu cuenta.

✳ **PRACTICA INTERPRETAR LA CARTA NATAL DE UNA AMIGA**: cuando comprendas mejor tu propia carta, podrás emplear este nuevo lenguaje para analizar las cartas astrales de tus amigos y familiares, una actividad que siempre es divertida.

RITUALES EXPRÉS

A continuación te presentamos algunos de nuestros rituales zodiacales favoritos que puedes hacer en cinco minutos. Anímate a probarlos para sentirte cómoda con esta herramienta antes de llevar a cabo rituales estacionales más complejos.

UN RITUAL DE LECTURA ASTROLÓGICA PARA ENCONTRAR EQUILIBRIO

1. Echa un vistazo a los *big three* de tu carta natal: tu signo solar, lunar y ascendente, y observa a qué elemento pertenecen.
2. Luego, anota los elementos que falten en tu carta. ¿Tu sol, tu luna y tu ascendente son signos de fuego principalmente, sin ningún rastro de agua? ¿Tienes mucho de tierra pero nada de aire?
3. De ahora en adelante, prueba a incorporar más actividades que correspondan al elemento que te falta y observa si se llenan esos vacíos.
    a. Agua: mira una película que te haga llorar.
    b. Aire: escribe una carta a alguien a quien ames.
    c. Tierra: sal descalza a la naturaleza.
    d. Fuego: prueba un nuevo tipo de ejercicio.

Por ejemplo, Emma tiene el sol en Géminis, un signo de aire; la luna en Leo, un signo de fuego, y ascendente en Virgo, un signo de tierra. La ausencia de agua en su carta indica que podría necesitar ayuda para lidiar y procesar sus emociones. Pero está trabajando en eso. Lindsay tiene el sol en Leo, pero solo durante veintidós minutos, justo en el límite entre Cáncer y Leo. Con su luna en Cáncer y ascendente en Escorpio, su carta está llena de signos de fuego y agua, que suelen chocar entre sí. Esto le permite ser una persona vivaz, pero es fácil que pierda el equilibrio entre uno y otro. Practicar yoga con regularidad la ayuda a mantenerse centrada.

UN RITUAL DE LECTURA ASTROLÓGICA PARA EXPRESARSE

1. En una noche de luna llena, reflexiona sobre el modo de comunicación preferido por tu signo lunar. ¿Eres una géminis charlatana? ¿Una leo aparatosa?
2. Adapta tu ritual de luna llena (más detalles en la página 80) a tu astrología y observa si cambia la forma en que te conectas con la energía de la noche.

TAROT

Para aquellos que no están familiarizados, las cartas de tarot pueden evocar la imagen de una lectura psíquica en una habitación misteriosa iluminada por velas, incienso y, tal vez, una bola de cristal. Sin embargo, el tarot es mucho más que una herramienta de adivinación situada en los márgenes de lo místico. La baraja de setenta y ocho cartas te invita a conectarte con tu intuición y conocimiento interno. Es como tener a tu lado a una amiga sabia o un ser querido en quien puedes confiar plenamente, y que te alienta a confiar en ti misma por encima de todo.

LA HISTORIA DEL TAROT

Hace mucho tiempo, las cartas del tarot se usaban principalmente para el entretenimiento. La primera versión del tarot llegó en el siglo xv desde Italia, cuando los artistas crearon un nuevo tipo de mazo para juegos de cartas. A medida que pasaba el tiempo, las personas adineradas comenzaron a encargar mazos especiales con imágenes más detalladas y realistas, a menudo con lujosos fondos dorados. Estas pequeñas obras de arte renacentistas sirvieron como base para el mazo que usamos hoy en día y que consta de veintidós Arcanos Mayores (que representan momentos espirituales y simbólicos de gran relevancia, como el sol o el diablo) y cincuenta y seis Arcanos Menores (que ofrecen una visión más detallada de la vida cotidiana).

Conforme las imágenes y la terminología se volvían más sofisticadas, las cartas comenzaron a adquirir un mayor significado espiritual. El tarot llegó a un punto crucial cuando Arthur Edward Waite, poeta británico y erudito, pidió a la artista Pamela Colman Smith que ilustrara un mazo para acompañar su libro *La clave ilustrada del tarot* en 1909[27]. El resultado fue el mazo Rider-Waite, una colección de cartas que conseguían una interesante combinación entre realismo y elementos místicos. En estas cartas, se representaba a la realeza dentro de paisajes místicos. Este mazo fue el primero en ser producido en masa en inglés y se convirtió en un modelo para la mayoría de las cartas que pueden encontrarse actualmente en el mercado.

ENCONTRAR EL MAZO ADECUADO PARA TI

Los tradicionalistas pueden sentir la tentación de comenzar su viaje con el clásico mazo Rider-Waite, pero ten en cuenta que estas cartas pueden tener interpretaciones un tanto oscuras. Aunque en el tarot no existen cartas inherentemente «malas», sacar al diablo con cuernos y fuego cuando apenas estás empezando puede resultar desalentador, por lo que recomendamos comenzar con un mazo que sea un poco más suave, especialmente si tiendes a preocuparte. Por fortuna, hay mazos de tarot y oráculos para todo tipo de gustos. Los mazos de oráculo se utilizan de la misma manera que el tarot, pero tienen temáticas diferentes y es posible que no contengan exactamente setenta y ocho cartas. Algunos están relacionados con la época en que se crearon (como el Morgan-Greer, que es una colorida representación de la década de 1970); otros están centrados en las personas que pueden utilizarlos (como el Dust II Onyx, que presenta a mujeres de color en cada carta), y algunos se enfocan en una estética particular (como el Oráculo Minimalista, que es una interpretación de las detalladas escenas del tarot representadas como formas de colores).

Existe una antigua superstición que dice que, en lugar de elegir tu propio mazo, debes esperar a que uno te encuentre: alguien te lo regala, lo encuentras por accidente o llega a tu vida de alguna manera que está fuera de tu control. Si bien hay algo a favor de considerar tu mazo como un regalo del universo, hay muchas personas que se lo compran, así que no dudes en hacerlo cuando sientas que es el momento adecuado. Cuando busques un mazo que conecte contigo, deja que la intuición sea tu guía. ¿Qué cartas te llaman la atención de inmediato? Dado que tu mazo se convertirá en una herramienta muy personal y sagrada, es mejor optar por uno con imágenes que realmente te impacten, incluso si no puedes explicarte el porqué.

Cuando obtengas un mazo nuevo, debes utilizar salvia para limpiar su energía, tal como lo hiciste con tus cristales. Mientras dejas pasar el humo por tus cartas, programa su energía para que se conecten contigo y tu vida. Tómalas entre tus manos y visualiza que tu contacto está personalizando aún más los mensajes que tienen para ti. Luego, baraja las cartas a conciencia, familiarízate con la sensación de tenerlas en tus manos y prepárate para tu primera tirada.

Siéntate y elige una carta, cualquiera de ellas. Primero, colócala boca abajo en una superficie plana; luego, dale la vuelta. Si sacas una carta que no te satisface, no la devuelvas al mazo de inmediato. Consulta el libro de guía que viene con las cartas y lee lo que dice sobre la carta que has elegido. El poder radica en colocar cada carta en el contexto de tu vida, así que reflexiona sobre lo que podría estar tratando de comunicarte en ese momento. Confía en tu intuición. Toma un bolígrafo y deja que las palabras fluyan en una página si eso te resulta útil. No te detengas demasiado en ninguna carta. La intuición se pierde con el tiempo y tu primera impresión es probablemente la más valiosa, sin importar lo «extraña» que te parezca. De hecho, cuanto más extraña, mejor. Las personas tienden a seguir la misma lógica una y otra vez y, en su mayoría, terminan en el mismo lugar. El propósito de este ejercicio es buscar senderos no trillados, aquellos que parecen extraños, misteriosos y hasta un poco intimidantes. Son las interpretaciones de las cartas que emergen desde lo más profundo de tu ser las que están llenas de espíritu, no las que se producen en masa en la mente racional.

En cuanto al momento adecuado para realizar una tirada, eso depende totalmente de ti. Las reglas del tarot son flexibles y, en esencia, te dicen que debes respetar y confiar en las cartas. Puedes sacar una carta cada mañana o hacer una tirada de tres cartas una vez al mes. Puedes escribir sobre una tirada en un diario durante horas u olvidarte de ella en cinco minutos. Nosotras solemos recurrir al mazo cuando nos encontramos en un punto muerto o no estamos seguras de cómo proceder con un problema; lo vemos como si fuera una amiga de confianza que nos da un consejo que, de otra manera, no hubiéramos considerado. De nuevo, todo se basa en la intuición. Si sientes de manera distintiva que falta algo, como si hubiera un mensaje esperando ser revelado pero aún no ha salido a la luz, prueba con el tarot para obtener claridad. Si estás atravesando un período de transición y no sabes qué se necesita para llegar al otro lado sin contratiempos, toma una carta y descubre lo que te ofrece. Al igual que con la astrología, consideramos que el tarot es una vía para acceder a pensamientos frescos y únicos. Sin embargo, mientras que la astrología se enfoca más en tu mundo interior, el tarot se orienta hacia el exterior y está orientado a la acción.

Cuando te acostumbres a utilizar tu mazo regularmente, algo prácticamente mágico empezará a ocurrir. Las cartas que saques comenzarán a hablar cada vez más fuerte y claro, volviéndose de alguna manera más valiosas en ese momento.

Te harán sonreír, asentir con la cabeza o sacudirla en señal de comprensión y confianza. Este poder tiene dos facetas: por un lado, te convertirás en un ser más intuitivo, capaz de encontrar y seguir tu voz interior y, tal vez, solo tal vez, tus cartas también te estarán conociendo a ti.

CÓMO UTILIZAR EL TAROT

* **SACA UNA SOLA CARTA**: saca una carta de tu mazo siempre que sientas la necesidad, pensando primero en una pregunta que desees responder.

* **REALIZA UNA TIRADA DE VARIAS CARTAS**: también puedes hacer tiradas que involucren varias cartas. Tiradas de tres cartas muy poderosas incluyen una que se refiere al pasado, presente y futuro, y otra relacionada con la energía de un problema, su causa y su solución.

RITUALES EXPRÉS

A continuación te presentamos algunos de nuestros rituales favoritos de tarot que puedes hacer en cinco minutos. Anímate a probarlos para sentirte cómoda con esta herramienta antes de llevar a cabo rituales estacionales más complejos.

TIRADA DE UNA SOLA CARTA PARA OBTENER APOYO

1. Al comenzar un nuevo capítulo en la vida, sigue tu intuición y elige una sola carta. Esto puede ser al inicio de un nuevo trabajo, la mudanza a otra ciudad o incluso con la llegada de una luna nueva.
2. Reflexiona sobre el mensaje que esta carta podría estar transmitiéndote y colócala en tu billetera u otro lugar donde sepas que la verás a diario.

Por ejemplo, cuando Emma comenzó un nuevo trabajo, seleccionó una carta de un mazo de oráculo que mostraba a una mujer caminando bajo la luna y llevaba la inscripción «Confío en los misterios de la vida». Cada vez que la encuentra en su billetera, le sirve como recordatorio para ser más comprensiva consigo misma y confiar en que el universo la apoya.

RITUAL DE DIARIO PARA LA REFLEXIÓN

1. Al despertar por la mañana, toma una carta que represente lo que el día tiene reservado para ti.
2. Configura un temporizador de tres minutos y comienza a escribir en tu diario de forma libre y espontánea, basándote en lo que la carta te sugiere.
3. Más tarde, antes de acostarte, vuelve a leer lo que escribiste por la mañana y reflexiona sobre si la carta tenía razón.

Siempre nos han inspirado aquellas personas que convierten este ritual en parte de su rutina diaria para establecer el tono de su día.

RESPIRACIÓN CONSCIENTE Y MEDITACIÓN

Conectarse con la respiración es una herramienta para el bienestar que se puede utilizar en cualquier momento. En yoga, a la respiración consciente la llamamos *pranayama* (también recibe el nombre de «pranayam» en yoga o meditación, que es una versión abreviada). En las líneas yóguicas, el *pranayama* es uno de los ocho miembros del yoga Ashtanga según los Yoga Sutras de Patanjali, el antiguo texto que se referencia como la base de nuestra moderna práctica de yoga (verso 2:29). Durante mucho tiempo, ha sido un componente fundamental en la práctica del yoga, y en la actualidad su valor terapéutico está siendo reconocido tanto por la comunidad científica como por personas que no están vinculadas al yoga necesariamente.

La respiración es la única función corporal en la que podemos participar de forma activa; la digestión, la desintoxicación y nuestros latidos cardíacos son automáticos. Por lo tanto, la respiración se considera el punto donde se encuentran conciencia y subconsciente.

Aunque la respiración consciente y la meditación no son idénticas, están estrechamente relacionadas. El *pranayama* puede considerarse una forma de meditación por sí misma. En esencia, manipular la respiración mediante ejercicios y patrones es un camino rápido hacia un estado meditativo. Tanto la práctica regular de *pranayama* como la meditación tienen como objetivo cambiar nuestro estado de ser, y esto se suele conseguir en ambas disciplinas.

Por el contrario, la meditación ha adquirido múltiples significados y varía según la persona. Para algunos, actividades como correr, pintar o incluso tareas triviales como envolver regalos pueden ser meditativas. Para aquellos que desean una práctica más estructurada y autodidacta, hay diversas técnicas de meditación, siendo la meditación de atención plena o *mindfulness* la que más se utiliza en la actualidad. Este tipo de meditación implica sentarse en silencio, prestar atención a los pensamientos y utilizar los sentidos para tomar conciencia de lo que está ocurriendo en el momento presente. En los últimos años, se ha producido un aumento notable en el interés por el yoga kundalini, que incorpora la respiración y la meditación como partes fundamentales de la práctica, pero también puedes incorporar la respiración en cualquier tipo de yoga. De hecho, a Lindsay le gusta hacer una práctica de *pranayama* antes de su meditación matutina diaria. Siendo alguien que padece asma, disfruta de la sensación del aire circulando por sus pulmones y se beneficia de la claridad mental que conlleva un aumento del flujo de aire.

Ya sea que estés buscando apoyo en un momento de cambio o complementar la meditación, el yoga, la escritura de un diario u otros cuidados personales, la respiración es una aliada fundamental.

LA CIENCIA DE LA RESPIRACIÓN

Gracias a la tecnología moderna, los científicos han podido entender por qué las personas vuelven a estas prácticas una y otra vez. Por ejemplo, cuando se combina la respiración consciente con ejercicios para fortalecer el abdomen, se ayuda a superar los obstáculos. Un estudio a pequeña escala investigó la efectividad de los laxantes[28] frente a una terapia combinada de respiración consciente, ejercicios abdominales y laxantes en un grupo de personas que sufrían estreñimiento crónico. Los resultados mostraron que aquellos que practicaban la respiración diafragmática tenían movimientos intestinales más frecuentes que quienes solo tomaban laxantes.

Otro estudio realizado en la década de 1990 demostró que la respiración consciente puede ser un tratamiento terapéutico para personas con trastornos del equilibrio, porque les da una sensación de estabilidad[29]. Se les pidió a tres grupos de personas que siguieran los movimientos de un gráfico que cambiaba constantemente y se proyectaba en una pantalla. Quienes tenían experiencia con la respiración consciente, tanto principiantes como practicantes avanzados, superaron a los que no la tenían.

Una completa investigación académica sobre una técnica de respiración consciente llamada «Sudarshan Kriya yoga» reveló que este enfoque es un «complemento accesible y de bajo riesgo para el tratamiento del estrés, la ansiedad, el trastorno de estrés postraumático, la depresión, condiciones médicas relacionadas con el estrés, el abuso de sustancias y la rehabilitación de personas que han cometido delitos»[30].

La respiración holotrópica, creada por el Dr. Stan Grof, es una técnica que involucra el diafragma en respiraciones profundas y rápidas para mejorar la oxigenación del sistema respiratorio. Ha demostrado ser beneficiosa para pacientes que afrontan problemas de salud mental especialmente complejos cuando la psicoterapia no aporta resultados exitosos[31]. Otras investigaciones han establecido la conexión entre una práctica regular de respiración consciente y un aumento de los rasgos positivos del carácter, una disminución de los negativos y una mejora general en la autoconciencia[32]. Además, la práctica de respiración consciente en sus diversas formas se utiliza en programas de recuperación de adicciones en todo el mundo.

CÓMO UTILIZAR LA RESPIRACIÓN CONSCIENTE Y LA MEDITACIÓN

* **UNA INTRODUCCIÓN A LA MEDITACIÓN**: comienza utilizando una técnica de respiración consciente para salir de tu mente racional y sumergirte en la conciencia del momento presente. Siéntate cómodamente y dirige tu atención a tu respiración. Sin juzgar, observa cómo se sienten tus inhalaciones y exhalaciones mientras fluyen a través de ti. Esto ayudará a calmar y enfocar tu mente para meditar.

✳ **LIBERA LA ENERGÍA ESTANCADA**: puedes cambiar tu estado base acelerando tu energía con un ejercicio de respiración rápido y enérgico (como *kapalabhati*) o reduciéndola con una técnica más relajante (como *sitali* o respiración equilibrada). Ambas técnicas se explican en la siguiente sección.

RITUALES EXPRÉS

A continuación te presentamos algunos rituales de respiración consciente que puedes hacer en cualquier momento y en cualquier lugar. Encontrarás más de este tipo en las siguientes páginas.

SITALI: UNA RESPIRACIÓN REFRESCANTE

Sitali es una técnica calmante y refrescante que puedes utilizar cuando hace calor o te sientes ansiosa. Te llevará de dos a tres minutos.

1. Encuentra un asiento cómodo y comienza a respirar con normalidad mientras te concentras. Luego, enrolla la lengua, sácala y rodéala con los labios.
2. Respira solo a través de tu lengua, sintiendo cómo se evapora el aire que pasa por ella, lo cual aporta una agradable sensación de frescura. Continúa así, con una inhalación y exhalación de tres tiempos.
3. Vuelve a respirar normal para acabar.

RESPIRACIÓN BHASTRIKA (O DEL FUELLE): UNA RESPIRACIÓN QUE DA CALOR

La respiración Bhastrika o respiración del fuelle genera calor en el cuerpo. Si necesitas un reinicio, sentir algo de calor en los fríos meses de invierno o conseguir claridad mental, prueba la respiración del fuelle.

1. Encuentra un asiento cómodo y respira con normalidad mientras te concentras. Comienza a respirar a través del diafragma, dilata el abdomen en la inhalación y lleva el ombligo hacia la columna en la exhalación.
2. Respira solo por la nariz, haciendo que tus inhalaciones y exhalaciones sean más vigorosas y de igual duración. Respira diez veces seguidas.
3. Luego, vuelve a respirar normal y realiza una ronda adicional, aumentando la cantidad si lo deseas.

La meditación y la respiración consciente son prácticas acumulativas. Siempre es mejor hacer una práctica breve que prescindir de ella. Con constancia y disciplina, la combinación resulta transformadora.

LA LUNA Y EL SOL

Emma recuerda la primera vez que se dio cuenta de que todos vivimos bajo el mismo cielo. Cuando era joven, pensaba que el sol, la luna, las estrellas y los planetas la seguían solo a ella; eran como compañeros constantes en su patio trasero, pasajeros en los largos viajes en coche con su familia, algo que siempre podía encontrar, al igual que ellos siempre la encontraban a ella. Luego le dijeron que el cielo era compartido y no solo suyo, que alguien a miles de kilómetros de distancia podría estar mirando el mismo sol y la misma luna. Tomar conciencia de que sus fieles acompañantes también visitaban a todos los demás la sorprendió. Esperamos que, tras la sorpresa inicial, se haya sentido feliz de saberlo.

¿No es asombroso que la luna desaparezca cada mañana en el cielo, solo para aparecer más tarde? ¿O que el sol salga todas las mañanas, inunde la tierra de luz y coloree todo después de una noche en blanco y negro? Aunque en esos momentos pueda parecer que el mundo tal como lo conocemos ha llegado a su fin, el sol de siempre vuelve a salir al día siguiente y nos recuerda que el amanecer siempre nos alcanza, que el tiempo es constante y cíclico. La luna y el sol son fuerzas mágicas, espirituales y energéticas que todos podemos ver todos los días y, sin embargo, nos hemos vuelto indiferentes a su grandeza.

Solo se necesita un momento para sentir realmente al sol y a la luna, y celebrar su presencia como lo haría un niño. Al hacerlo, podemos salir de nosotras mismas y maravillarnos ante el mundo que nos rodea.

LA HISTORIA DEL CIELO

Remontarnos en el tiempo para rastrear el origen de la Luna y el Sol lleva su tiempo. Actualmente, los científicos estiman que el Sol se formó hace unos 4600 millones de años, cuando una nube giratoria de gas y polvo colapsó y se condensó en un objeto de una energía y fuerza sin igual[33]. Su tamaño es tan colosal que cabrían un millón de Tierras en su interior; su superficie alcanza los 5505 °C y se necesitarían cien mil millones de toneladas de dinamita 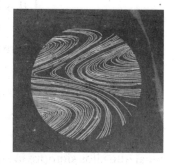 por segundo para igualar su energía. Aunque parece una fuente de luz infinita, el Sol tal y como lo conocemos acabará dentro de cinco mil millones de años, cuando pierda sus capas exteriores y su núcleo se enfríe y colapse en una enana negra, una región invisible definida por su vacío.

Después del Sol, llegó la Luna. De vez en cuando aparecen nuevas teorías sobre su formación, pero la más popular sostiene que la Tierra chocó con otro planeta y los escombros resultantes de la colisión formaron el satélite. Esto podría explicar por qué la Luna y la Tierra son similares, pero no idénticas, en cuanto a su composición.

La Luna parece cambiar de forma en el cielo nocturno por la manera en que la luz del sol la ilumina. En una luna llena, la luna entera está iluminada, mientras que en una luna nueva, la Tierra se encuentra entre la Luna y el Sol, y eso hace que la sombra de nuestro planeta haga que la luna casi desaparezca. Mientras tanto, la Luna orbita alrededor de la Tierra y cambia de forma a medida que atraviesa esta sombra, en un ciclo de crecimiento y decrecimiento. Dado que el campo gravitatorio de la Luna siempre se encuentra en una danza con el de la Tierra, ejerce fuerzas de atracción y repulsión sobre el agua, creando así nuestras mareas.

A lo largo de la historia, el horario constante del cielo ha marcado nuestros propios calendarios. La Luna completa su órbita cada veintinueve días y medio, y esta fue la razón original de la duración de nuestros meses. (De hecho, las palabras «luna» y «mes» tienen raíces similares). El Sol y la Luna eran nuestros relojes antes de que los fabricáramos, así como las fuerzas que nuestros antepasados seguían para sembrar, cosechar y cazar, es decir, para sobrevivir.

A lo largo del tiempo, algunos también creyeron que la luna llena enviaba mensajes de mal augurio. El mito de que la luna llena podía llevarnos a la locura ha existido desde la diosa romana Luna, cuyo nombre inspiró las palabras «lunático» y «alunado»[34]. La mayoría de los médicos de la Antigüedad suscribían la creencia de que la intensa luz de la luna llena podía llevar a conductas extrañas. En algunos hospitales, durante las luminosas noches de luna llena, se solía esposar a los pacientes psiquiátricos y los delitos que se cometían en ese período tenían más posibilidades de ser exculpados. Según Aristóteles, esta locura se debía a que el cuerpo humano está compuesto en su mayoría de agua, por lo que, al igual que las mareas, es susceptible a las influencias de la energía lunar[35]. Otra explicación, más respaldada desde el punto de vista médico, es que la intensa luz de la luna llena podría provocar trastornos del sueño y, como resultado, comportamientos erráticos. Aunque ya no es tan habitual, la superstición relacionada con la Luna todavía preocupa a algunas personas. De hecho, hasta 2007 los departamentos de policía del Reino Unido enviaban más oficiales en las noches de luna llena para lidiar con el esperado aumento de la delincuencia[36].

Hoy en día, muchos de nosotros seguimos mirando al cielo en busca de una guía para vivir en la Tierra. Los agricultores biodinámicos, aquellos que trabajan para respetar los ritmos de la naturaleza, suelen cosechar plantas que crecen sobre la tierra durante la luna llena y las raíces que se encuentran bajo tierra durante la luna nueva, cuando la influencia sutil de la Tierra es más fuerte que la del cielo[37].

HACER QUE EL CIELO FUNCIONE A TU FAVOR

A excepción de esporádicos momentos de frenesí, nuestro cielo es una fuente de asombro y sirve de hermoso escenario para los rituales.

El sol, con su luz, calor y movimiento, nos incita a movernos y explorar, mientras que la luna nos invita amablemente a quedarnos en silencio y reflexionar. Sus fases dramáticas les dan ritmo a nuestras ajetreadas vidas. Las lunas nuevas y llenas siempre llegan cada dos semanas, por lo que podemos emplear su llegada para reflexionar sobre nosotras mismas.

La luna nueva representa un nuevo comienzo; el inicio de un nuevo ciclo en el cielo y en la Tierra.

Es, por lo tanto, un momento para establecer metas para el siguiente período. Las noches de luna nueva suelen caracterizarse por la poca energía, lo que puede hacerte sentir un poco débil. Esta es la forma en que la luna te dice que desaceleres el cuerpo y la mente, para que puedas ser sincera contigo misma. La luna nueva es un momento para manifestar. Es un momento para comprometerte con tus objetivos y tu crecimiento. Elige lo que deseas atraer y luego imagina que ya lo tienes.

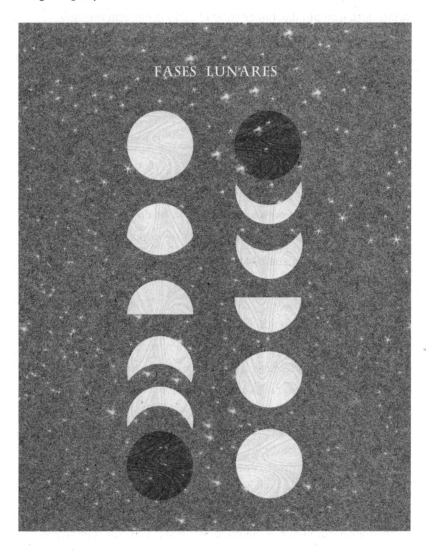

FASES LUNARES

Dos semanas después, la luna llena marca el punto culminante de un ciclo. Es un período de intensidad, poder y revuelo, cuando todas las cosas salen a la superficie, ya sea que las deseemos o no. Pero, cuando todo sale a la luz, es más sencillo determinar qué nos está ayudando y qué no. Por lo tanto, los rituales de luna llena son un buen momento para reflexionar sobre tus metas de luna nueva y liberar cualquier negatividad que pueda estar impidiéndote alcanzarlas, para que puedas hacer todo el ciclo lunar con energía.

Al trabajar en conjunto con el cielo, puedes agregar constancia y regularidad a tus objetivos, lo que siempre te ayudará.

Días lunares especiales

Al igual que la luna nueva y la luna llena, se cree que las ocasiones especiales solares y lunares tienen su propia energía. A continuación verás algunas de las más importantes y cómo puedes darles la bienvenida.

Superluna: una superluna se produce cuando la Luna se acerca más a la Tierra durante una luna nueva o luna llena, haciéndola parecer más grande. Esto sucede solo unas pocas veces al año y potencia la energía de las manifestaciones y liberaciones de la luna nueva y la luna llena.

Eclipse: los eclipses solares ocurren durante las lunas nuevas, cuando la Luna se coloca entre el Sol y la Tierra, bloqueando parte de la luz solar. Los eclipses solares totales, si bien son inusuales, hacen que el Sol desaparezca por completo del cielo durante un momento, sumiendo el día en la oscuridad. Dado el simbolismo de la Luna cubriendo al Sol, los eclipses son un buen momento para tomar parte de la energía que sueles dirigir hacia el mundo y utilizarla para tu trabajo interior.

Equinoccio y solsticio: un equinoccio solar se produce cuando el Sol cruza el ecuador y los días y las noches tienen la misma duración. Un solsticio ocurre cuando el Sol alcanza sus puntos más altos en el norte y en el sur, lo que resulta en el período de mayor luz diurna y la noche más larga, respectivamente, en el hemisferio norte. Ambos son momentos para reflexionar sobre la estación que ha pasado y planificar la que está por llegar.

Hoy en día, ¿quién no quiere confiar en que el universo lo apoya de una manera total e intangible? Simplemente por existir, la luna es una inmensa fuente de magia, por lo que la idea de que pueda irradiar esa energía con sus rayos no es tan difícil de creer después de todo.

CÓMO UTILIZAR LA LUNA Y EL SOL

* **UTILIZA LA LUNA LLENA PARA PERDONAR**: cada luna llena es una oportunidad para soltar aquello que ya no te sirve. Puedes escribir una carta para despedirte de un viejo hábito, romper un trozo de papel con pensamientos negativos escritos en él, etc.

* **ORGANIZA UN CÍRCULO LUNAR**: en una luna nueva o luna llena, invita a algunos amigos a realizar juntos una manifestación o liberación. Brindar un espacio para que todos seáis auténticos y vulnerables puede uniros de forma poderosa y aumentar la eficacia del ritual.

* **ADAPTA LA ESCRITURA EN TU DIARIO PARA LA LUNA NUEVA**: cada fase lunar corresponde a un signo zodiacal, ya que la luna se desplaza a través de la energía de ese signo. Podemos utilizar los temas de cada fase para ayudarnos a perfeccionar nuestras visualizaciones y atraer cosas nuevas. Aquí tienes algunas preguntas para escribir en tu diario durante cada fase.

* Luna nueva en Aires: ¿qué me motiva y entusiasma? ¿Cómo puedo hacerlo con más frecuencia?

* Luna nueva en Tauro: ¿qué necesito para sentir seguridad económica? ¿Cómo puedo mejorar mi relación con el dinero?

* Luna nueva en Géminis: ¿en qué momento me siento mi versión más auténtica? ¿Con qué personas puedo rodearme para sentirme así con más frecuencia?

* Luna nueva en Cáncer: ¿cómo puedo expresar mis emociones de manera auténtica?

* Luna nueva en Leo: ¿en qué momento me siento más segura y con confianza en mí misma? ¿Cómo puedo hacerlo con más frecuencia?

* Luna nueva en Virgo: ¿hay algún aspecto de mi vida que me resulte caótico? ¿Cómo hago para manejarlo mejor?

* Luna nueva en Libra: ¿en qué momento me siento desequilibrada, ya sea emocional o físicamente?

* Luna nueva en Escorpio: ¿qué amistad me gustaría trabajar para fortalecerla?

* Luna nueva en Sagitario: ¿cómo puedo salir y experimentar algo nuevo en este ciclo lunar?

* Luna nueva en Capricornio: ¿qué puedo cambiar de mi rutina para sentirme más exitosa y satisfecha con mi carrera?

* Luna nueva en Acuario: ¿en qué momento formé parte de un cambio positivo en mi comunidad? ¿Cómo puedo hacerlo de nuevo?

* Luna nueva en Piscis: ¿en qué momento me siento más creativa?

RITUALES EXPRÉS

A continuación te presentamos algunos de nuestros rituales lunares favoritos que puedes hacer en cinco minutos. Anímate a probarlos para sentirte cómoda con esta herramienta antes de llevar a cabo rituales estacionales más complejos.

RITUAL DE FUEGO PARA LA LIBERACIÓN

1. En una noche de luna llena, reflexiona sobre cualquier energía negativa o creencia limitante que te esté impidiendo alcanzar un objetivo concreto.
2. Escríbelas en trozos de papel. Luego, quema estas notas en una pequeña hoguera repitiendo la frase «Gracias, pero ya no te necesito» con cada una.

Dado que un apartamento en la ciudad no suelen contar con espacio al aire libre, también funciona romper simplemente cada trozo de papel.

UN EJERCICIO DE VISUALIZACIÓN PARA OBTENER CLARIDAD

1. Cierra los ojos y conéctate con tu respiración.
2. Cuando te sientas centrada, comienza a imaginarte abriendo la puerta a tu propio paraíso personal. ¿Qué aspecto tiene? ¿Qué estás haciendo? ¿Quién eres? ¿Quién está a tu alrededor? No juzgues nada de lo que veas, simplemente observa.
3. Piensa cómo puede inspirar esta visualización tus intenciones durante la luna nueva.

Ambas hemos realizado muchas visualizaciones así y hemos notado que no podemos prever cómo se manifestará nuestro paraíso en un día concreto. Al establecer el propósito de no juzgar lo que surja, te abrirás a descubrimientos que, de otro modo, no habrían salido a la superficie.

DISEÑAR UN ALTAR PARA GUARDAR EL KIT DE HERRAMIENTAS

Hay algo especial en reservar un espacio para crecer, explorar y descubrir. Los altares ofrecen esa libertad para jugar, especialmente cuando se utilizan junto con los rituales.

La palabra «altar» proviene de una palabra latina que significa «lugar elevado»[38], dado que los altares solían estar colocados en plataformas elevadas. Esta etimología también nos recuerda que los altares pueden trascender todo lo que ocurre en la Tierra. En la religión, los altares siempre han proporcionado una conexión más cercana con lo divino. Se mencionan docenas de veces en el Nuevo Testamento y siguen desempeñando un papel central en ceremonias sagradas y festividades alrededor del mundo.

Con independencia de tu sistema de creencias, puedes montar un altar que te parezca cómodo e inspirador. En esencia, los altares son espacios para bajar el ritmo, reflexionar y estar en silencio. Tu altar no necesita ser llamativo ni majestuoso; no tiene que ocupar una habitación entera, ni siquiera una repisa por completo. Tampoco es necesario adornarlo con cristales ni que huela siempre a salvia. Puede ser tan diminuto como un rincón en tu armario o tan modesto como una pila de fotografías. La verdadera belleza de un altar reside en la relación que tengas con él; que sea un lugar donde puedas ser tú misma.

Deberías sentirte bien montando tu altar, así de simple. Imagínatelo como una extensión de las fotos que tienes en la pared o la colección de objetos de tu mesita de noche. Es un escenario para contar una historia.

Tu altar puede estar destinado a un propósito concreto o ser un espacio más general donde tu espíritu pueda expresarse. Puede preservar el pasado al evocar el recuerdo de alguien que ha fallecido o conmemorar momentos importantes, como una boda o un nacimiento, o también orientarse hacia el futuro al representar la abundancia que deseas materializar en tu vida. Puede ser lo que necesites que sea. El primer paso para crear tu exhibición es decidir dónde colocarla. Puede ocupar un pequeño rincón en tu hogar si tienes poco espacio o prefieres que sea discreto, pero debe estar en un lugar por el que pases todos los días. Tal vez sea tu dormitorio, la sala de estar o el patio trasero. Puedes colocar un paño o un mantel para destacar el espacio y diferenciarlo del entorno.

A partir de ahí, vas añadiendo elementos que te inspiren a bajar el ritmo y entablar un diálogo contigo misma. Pueden evocar recuerdos positivos que te pongan en el estado de ánimo adecuado para reflexionar o te motiven a tomarte un tiempo para concentrarte en la respiración.

ALTARES ALREDEDOR DEL MUNDO

A continuación te mostramos algunos de nuestros altares favoritos para inspirarte:

* Flores, caracolas de mar u otros elementos que representen la naturaleza. (Nos encanta la idea de hacer un altar inspirado en la naturaleza y que vaya cambiando con las estaciones).

* Fotos de seres queridos o de momentos que recuerdes con cariño.

* Un objeto que simbolice tu animal espiritual (puede ser uno con el que siempre hayas tenido una conexión especial o uno que parece aparecer repetidamente en tu vida).

* Un libro que podrías leer una y otra vez.

* Un diario y un bolígrafo para registrar cualquier pensamiento que te venga a la mente mientras haces tus rituales.

* Una cita o una afirmación positiva que te motive.

* Una colección de velas de diferentes colores.

* Joyas, amuletos o talismanes valiosos para ti.

* Una carta escrita a mano que aprecies.

* Frutas secas o frescas para simbolizar la cosecha y la abundancia.

* Una lámina de un artista que admires o un dibujo de tu propia creación.

Recuerda que no es necesario que nada permanezca en tu altar para siempre. Puede evolucionar como cualquier otra cosa, así que sigue revisándolo de vez en cuando para ver si todavía te sientes conectada con él. Del mismo modo, siéntete libre de añadir objetos cuando así lo consideres.

CÓMO UTILIZAR UN ALTAR

✳ **DEJA QUE PROMUEVA NUEVOS HÁBITOS**: ¿te gustaría empezar a meditar? Coloca un cojín junto a tu altar y conviértelo en un espacio para sentarte y respirar todos los días. ¿Te gustaría empezar a escribir en un diario? Coloca un cuaderno en tu altar y escribe al menos una palabra en él cada mañana, pasando después a una página en blanco para recordarte que debes hacer lo mismo cuando pases por allí al día siguiente.

✳ **REÚNETE ALREDEDOR CON AMIGOS**: haz que tu altar se convierta en lugar de encuentro para cualquier reunión espiritual que tengas con tus amigos. Puedes animar a otras personas a añadirle algo personal para que sientan que el espacio es comunitario.

✳ **CREA UNA VERSIÓN PORTÁTIL**: si viajas con frecuencia, reserva una pequeña caja para guardar algunos objetos de tu altar mientras estés fuera de casa.

Por último, pero no menos importante, te recomendamos que conviertas tu altar en el telón de fondo para la mayoría de los rituales descritos en este libro. Es un excelente lugar para guardar tus herramientas, como una baraja de tarot, tu aceite esencial favorito, un poco de salvia para limpiar y mucho más. Utilizar tu altar como un espacio para practicar rituales le dará aún más significado y lo asociarás con las ideas que descubras en las próximas páginas.

Esperamos que tu altar pueda convertirse en la encarnación de la magia en tiempos difíciles, un espacio mágico en medio de lo mundano. Que te sirva como fuente de inspiración para salir a conquistar el mundo, así como un lugar tranquilo para esconderte de él de vez en cuando.

Y, a partir de ahí, es hora de comenzar a vivir con un poco más de espíritu.

INVIERNO

Como es arriba, es abajo. Como es adentro, es afuera.
Como es el universo, es el alma.

— HERMES TRISMEGISTUS

E L INVIERNO PUEDE TENER MALA FAMA. ES UNA ESTACIÓN QUE se caracteriza por la oscuridad y, cuando llega, nos hace vestir abrigos más pesados, disfrutar de cálidas fogatas y tomar sorbos más largos de café. Reemplaza los tonos vibrantes del otoño por un paisaje sombrío. Las ramas despojadas de sus hojas silban sobre nosotros, los vientos fríos nos acarician la piel y las nubes grises reflejan una energía colectiva que, desde fuera, parece carente de color. Sin embargo, debajo de este velo de monotonía, la nueva vida está acumulando fuerza para emerger. La naturaleza está teniendo una pequeña celebración bajo tierra, una que solo se hará visible con el paso del tiempo. Es con la súbita aparición de las flores en primavera que recordamos el verdadero tema del invierno: el crecimiento oculto.

INVIERNO: UNA HISTORIA

El solsticio de invierno marca el comienzo astrológico de la estación, cuando el sol se encuentra en su punto más bajo en el cielo y el día es más corto.

Históricamente, el inicio del invierno solía traer consigo importantes desafíos. Era un período de condiciones agrícolas y de caza poco favorables, lo que implicaba que las personas tenían que pasar sus días administrando con cuidado sus provisiones de alimentos y esforzándose por evitar la propagación de enfermedades. Al mismo tiempo, esta estación también simbolizaba la promesa de un futuro mejor: cuando el sol ha alcanzado su punto más bajo, la única dirección a seguir es hacia arriba.

Culturas de todo el mundo han celebrado con alegría la llegada del solsticio de invierno durante siglos. Por ejemplo, el festival de

Dongzhi en China marca el final de la cosecha y las familias se reúnen para consumir alimentos reconfortantes y ricos destinados a elevar sus espíritus para la primavera. En Escandinavia, se llevaba a cabo un festín que duraba varios días para conmemorar el regreso del dios del sol y una gran hoguera lo recibía de vuelta con un espectáculo de luz[1]. El solsticio coincide con el cumpleaños del dios del sol en la tradición persa y se celebra como el triunfo de la luz sobre la oscuridad. Las familias se quedaban despiertas durante la noche más larga del año en una ceremonia conocida como Yalda, que significa «nacimiento», y solo se retiraban cuando el sol volvía a emerger victorioso a la mañana siguiente.

Los recordatorios de los orígenes de estas celebraciones todavía yacen en las ruinas de la Tierra. Los templos antiguos egipcios miran hacia la salida del sol en el solsticio, el punto más al sur donde el sol se eleva, mientras que los geoglifos anteriores a Cristo, grabados en rocas y grava, de los desiertos peruanos se alinean con este evento[2]. Estos hitos transmiten la pureza, el crecimiento y la prosperidad que se cree que están encapsulados en los rayos del sol invernal para que nosotros los aprovechemos.

LA IMPORTANCIA DE LA ESTACIÓN

Bajo el sistema chino de los cinco elementos, cada elemento corresponde a una estación (con el principio y el final del verano dividido en dos), por lo que los cambios estacionales, como el solsticio, tienen efectos profundos[3] y de gran alcance. El invierno es agua, en toda su envolvente y misteriosa gloria. Es un momento para abrazar la quietud, celebrar las sensibilidades, dejar que las lágrimas fluyan y abordar los sentidos que yacen bajo la superficie. Es un momento para mirar hacia dentro, conservar energía y adoptar la capacidad del líquido para moldearse a cualquier recipiente.

Energéticamente, el invierno es yin (femenino y fluido) en contraposición al yang (masculino y dominante). Es un momento para conservar tus fuerzas. Según la medicina china, el agua corresponde a los riñones y la vejiga, que están vinculados a los sistemas que purifican y moderan lo que descartamos del cuerpo. A nivel simbólico, esto es una señal para ganar claridad y deshacernos de aquello que no nos sirve.

También es un momento de profunda planificación. Al igual que en la fase de la luna nueva, es un lienzo en blanco en el que puedes manifestar tus intenciones, aclarar lo que deseas y prepararte para darle vida a tus sueños.

RITUAL INVERNAL MODERNO

Hoy en día, celebramos festividades como la Navidad, Hanukkah, el Año Nuevo Chino y Kwanzaa en invierno como momentos de unión y gratitud. No es casualidad que dichas reuniones coincidan con esta estación, cuando todos podríamos beneficiarnos de un poco de liberación social mientras hacemos un trabajo interno.

Sin embargo, las celebraciones modernas de Año Nuevo suelen estar muy centradas en el ego. Si bien es válido que busquemos ser la mejor versión de nosotras mismas, es crucial que sintonicemos con la estación. Las resoluciones modernas a menudo están influenciadas por intereses comerciales y se alejan del antiguo enfoque de que el invierno invita a la introspección. Nos perjudicamos si no reflexionamos, incubamos, planificamos y exploramos en el silencio del invierno.

Es un momento para encontrar la inspiración. En el sentido más literal, el aire frío y nítido es estimulante y ayuda a aclarar la mente. El frío físico nos enseña a lidiar con la incomodidad, a encontrar la calma y a calentarnos desde adentro hacia afuera. Incluso los deportes de invierno tradicionales como el patinaje sobre hielo y el esquí son actividades solitarias por naturaleza, como una especie de meditación en movimiento que nos invita a encontrar un ritmo interno.

EL INVIERNO ES UN MOMENTO PARA...

* Desacelerar, reflexionar y comenzar este año desde adentro hacia afuera.
* Reconocer dónde te ha llevado el último año.

* Preguntarte qué es lo que realmente deseas atraer a tu vida.
* Conectarte con tus emociones a través de música que te haga llorar.
* Tomar té caliente en la cama.
* Convertir tu hogar en un santuario espiritual.
* Mantener tu mundo interior resplandeciente, sin importar lo adverso que sea el exterior.
* Ingerir alimentos que calienten.
* Encender velas, muchas velas.

En muchas partes del mundo, los días cortos y fríos del invierno, junto con las noches largas y aún más frías, pueden llevar a momentos de silencio y soledad. Estos momentos nos invitan a irradiar nuestro propio calor y luz interior, lo que requiere una reflexión profunda. Por lo tanto, aunque el invierno puede ser una estación para tomarnos un respiro y desacelerar, no debería ser una excusa para dejar de trabajar. Más bien, su llegada nos indica que es momento de organizar ideas mientras el año calendario llega a su fin y planificar cómo lidiaremos con el próximo.

¿UNA ESTACIÓN TRISTE?

La tristeza característica del invierno se ha identificado con un término más formal en el campo médico: el trastorno afectivo estacional (TAE). Este término fue acuñado por primera vez por el psicólogo Norman Rosenthal en 1984. El TAE se manifiesta como una depresión que sigue un patrón estacional y tiende a alcanzar su punto máximo durante el invierno. Es una combinación de desequilibrios hormonales y circadianos que afecta a las mujeres cuatro veces más que a los hombres y, cuanto más al norte vivas, mayor será tu susceptibilidad[4]. En Estados Unidos, el uno por ciento de la población de Florida experimenta TAE, en comparación con el nueve por ciento de Alaska[5].

Según algunos estudios, el TAE es el resultado de una interacción entre factores ambientales, biológicos y psicológicos, y las asociaciones negativas con la estación también pueden desencadenar algunos síntomas. Entonces, ¿cuál es el equivalente holístico a la luz del sol? La Dra. Eva Selhub, experta en medicina holística y profesora de la Facultad de Medicina de Harvard, afirma que es una dieta equilibrada rica en proteínas y baja en azúcar refinado y carbohidratos, mucho ejercicio y un suplemento diario de vitamina D. Dormir lo suficiente también es importante, por lo que recomienda acostarse a la misma hora todas las noches y mantener los dispositivos electrónicos fuera del dormitorio.

Estos rituales de invierno se centran en la reflexión interna y el progreso silencioso. Te recordarán que el cambio lleva tiempo y que nada sucede de la noche a la mañana, al mismo tiempo que te desafiarán a descubrir y conocer una nueva parte de ti. Y, lo más importante, te enseñarán a ser más amable contigo misma, tanto física como emocionalmente, para que tengas la fuerza para empezar de nuevo y prepararte para la obra de arte del próximo año, sabiendo que será aún más impresionante que la última.

EL SOLSTICIO DE INVIERNO

EL PODER DE LAS PLANTAS

Aunque no se sabe con precisión cuándo empezaron a cultivar plantas los seres humanos, algunos eruditos creen que todo comenzó en los Jardines Colgantes de Babilonia, alrededor del 600 a. C. Su construcción fue ordenada por el rey babilonio Nabucodonosor II para complacer a su reina, Amytis, quien sentía fascinación por las flores, y trajeron consigo una explosión de

verdor en una región por lo demás árida. Se cree que estos jardines eran un paraíso de terrazas, columnas y palacios adornados con plantas en forma de cascada y que fueron una de las siete maravillas del mundo antiguo.

En la Inglaterra de la era victoriana, las plantas alcanzaron un nuevo hito. Inspirados por una tendencia arquitectónica que promovía las ventanas en los porches soleados, los propietarios comenzaron a exhibir sus plantas en los interiores como un símbolo de estatus. La abundancia botánica se extendió y los aromas de jazmín y cítricos impregnaron el aire.

En la década de 1980, la NASA descubrió que las plantas son más que un placer visual. Benefician nuestra salud al filtrar toxinas como el benceno, el tricloroetileno y el formaldehído en su silenciosa búsqueda por producir oxígeno. Si observas fotos de estaciones espaciales internacionales, verás que muchas de ellas tienen plantas en su interior.

Cuando esta investigación se hizo pública en la década de 1990, la moda de las plantas de interior experimentó otro renacer. Su popularidad disminuyó en los años noventa y ha vuelto a surgir en la última década. Si avanzamos hasta el día de hoy, veremos que es difícil navegar por las redes sociales sin encontrarse con un frondoso *ficus lyrata* en alguna parte, y las repisas de las ventanas parecen sombrías si no albergan al menos un par de suculentas.

UN RITUAL CON PLANTAS PARA LA FE

Nos adentraremos en la profundidad de las madrigueras invernales con el solsticio actual. La nueva estación nos brinda la oportunidad de bajar el ritmo, reflexionar y establecer metas para el próximo año.

Este ritual te invita a recurrir al poder de las plantas para purificar el aire de más de una forma. Cuidar de las plantas implica tener fe en lo que se encuentra bajo la superficie y, de paso, eliminar algunas toxinas físicas y simbólicas de tu vida.

LO QUE NECESITARÁS DEL EXTERIOR

* Una planta que ya esté sembrada en una maceta, o una de semilla si te sientes ambiciosa.
* Un pequeño cristal.

LO QUE NECESITARÁS DEL INTERIOR

* Un propósito para el resto de la estación.
* Predisposición para ensuciarte un poco las manos.

INSTRUCCIONES

1. Ve a un vivero y elige una planta de interior que te guste, asegurándote de que pueda sobrevivir en tus condiciones. Algunas buenas opciones para principiantes podrían ser potus, *sansevieria* y otras para lugares con poca luz, así como las

suculentas, plantas araña y *monstera* (nuestra favorita) para lugares bien iluminados.

2. Tómate unos minutos para pensar en un propósito de una o dos palabras para la estación que se avecina. Si no se te ocurre nada de inmediato, anota algunos de tus objetivos para la estación y reflexiona sobre los temas que surjan. Luego, escribe tus palabras o palabra de invierno en un trozo de papel.

3. Envuelve con el papel un pequeño cristal. La aventurina y la turquesa son buenas elecciones debido a sus tonos verdes terrosos y azules oceánicos, pero siéntete libre de elegir cualquier cristal con el que sientas una conexión, consulta la página 34 para ver más opciones. Sujeta el envoltorio con tus manos y repite tu propósito. Dilo en voz baja al principio y aumenta el volumen con cada repetición. Visualiza que estás viviendo tu propósito en diferentes situaciones de la vida real.

4. Entierra el cristal envuelto en el papel, junto con la energía de esta visualización, en la tierra. Coloca tu planta sobre tu altar o cerca de él.

5. Cuida tu nueva planta todos los días, realiza un pequeño ritual de abrir las persianas para darle luz cada mañana y cerrarlas al final del día para señalar el descanso. Con cada riego y ajuste de las persianas, imagina que también estás cuidando tu propósito. Al igual que una flor en primavera, ten fe de que, con el tiempo, florecerá gracias a tu amor y cuidado.

Cuidar las plantas implica confiar en lo que se encuentra bajo la superficie y tener la certeza de que florecerán en el momento adecuado. Aunque tu planta y tu propósito pueden tardar en desarrollarse, es este ritmo gradual lo que hace que su crecimiento sea más emocionante. Después de todo, nada que realmente valga la pena florece de la noche a la mañana.

CÓMO SEGUIR AVANZANDO

Christopher Satch es botánico en The Sill, un vivero muy popular de la ciudad de Nueva York. También es el encargado de atención al cliente, ya que responde docenas de correos electrónicos al día de clientes confundidos que se preguntan por qué sus plantas de interior se están muriendo. A continuación verás los errores más comunes que él observa en los nuevos dueños de plantas. Ten en cuenta estos consejos a la hora de cuidar a tu nueva compañera vegetal en esta estación y en las venideras.

1. **ESCOGEN UNA PLANTA BASÁNDOSE EN SU APARIENCIA EN LUGAR DE SU PRACTICIDAD**: debes pensar en lo que se adapta a tu estilo de vida y espacio. Sí, los *ficus lyratas* son bonitos, pero ¿realmente tienes el tiempo para comprometerte con su larga lista de cuidados? Un cactus nunca prosperará en una esquina oscura, no importa lo bonito que parezca al principio.

2. **LAS PLANTAS NO RECIBEN SUFICIENTE LUZ**: las plantas se alimentan de la luz, no de la comida. Si tu planta crece rápido, significa que come mucho y necesita una buena cantidad de sol. Por otro lado, si crece lentamente, probablemente pueda crecer con menos luz.

3. **LAS PLANTAS TIENEN EXCESO O FALTA DE AGUA**: debes regar tus plantas solo cuando sientas que la parte superior de la tierra está seca al tacto.

4. **LOS DUEÑOS SE PREOCUPAN POR CADA IMPERFECCIÓN**: algunas personas piensan que sus plantas han muerto al primer indicio de una mancha marrón en una hoja. ¡No te preocupes, es totalmente normal!

LA PRIMERA LUNA NUEVA DEL INVIERNO

LUZ BRILLANTE, ESTRELLA RADIANTE

Si tienes la suerte de estar en el exterior en una noche clara de invierno, cuando la luna está en su punto más tenue, es probable que te reciba un manto de estrellas. Ahí reside la gran ironía del invierno: la estación más fría alberga el cielo más deslumbrante. Podemos darles las gracias al aire seco, a las largas noches y a la posición de la Tierra en la galaxia (lejos de la brillante Vía Láctea) por este espectáculo de luces a baja temperatura.

A lo largo de los siglos, las personas han visto las estrellas como ventanas a un reino superior y han utilizado su sabiduría esotérica para guiar sus decisiones en la Tierra[6]. Para las tribus nativas norteamericanas, la Vía Láctea representaba el camino que las almas de los difuntos recorrían hacia el cielo, y las estrellas más brillantes eran las hogueras que los guiaban. Las tribus siberianas veían en las estrellas la barrera entre nuestro mundo y los cielos, pequeñas ventanas que podían abrirse para permitirnos vislumbrar las brillantes luces del más allá[7]. En el siglo VIII, en Gran Bretaña, las estrellas también estaban imbuidas de magia y superstición. Una estrella fugaz vista a la izquierda de alguien presagiaba infortunio, mientras que una a la derecha era un signo de cosas buenas por venir.

La antigua sabiduría advertía que contar los eones de las estrellas en el cielo nocturno conllevaba años de mala suerte, pero pedir un deseo a una estrella fugaz era una forma de asegurarse de que los dioses estuvieran atentos a todos tus deseos[8]. Los alquimistas del siglo XVIII adoptaron una visión más metafísica de las estrellas; creían que nuestras almas moraban en esas brillantes y centelleantes luces. Esta última idea nos resulta especialmente poética, sobre todo cuando recordamos que la luz de una estrella solo es visible en la oscuridad. Tiene sentido, entonces, que las largas y frías noches del invierno sean el momento ideal para que nuestras almas brillen juntas en un coro de luz.

Con independencia de cuáles sean tus asociaciones con las estrellas, siempre encontrarás algo mágico en el cielo nocturno. Es un patio de juegos para nuestras fantasías que, como todas las cosas fascinantes en la vida, está envuelto en el misterio.

UN RITUAL DE OBSERVACIÓN DE ESTRELLAS PARA BRILLAR

La luna nueva es como una página en blanco, una oportunidad para establecer nuevas intenciones. Esta noche, vamos a invocar a las estrellas para que arrojen luz sobre cómo podemos avanzar en la estación del invierno. Con este sencillo ritual, puedes explorar el cielo a tu manera y permitir que el cosmos ilumine tus próximos pasos.

LO QUE NECESITARÁS DEL EXTERIOR

* Una manta o una superficie seca para recostarte.
* Una linterna.
* Ropa abrigada si vives en una región más fría.

LO QUE NECESITARÁS DEL INTERIOR

* El compromiso de enfrentarte al frío si vives en una zona fría (te prometemos que valdrá la pena).

INSTRUCCIONES

1. Encuentra un lugar apartado para recostarte, preferiblemente en una colina o una superficie elevada para que los edificios y las luces no te arruinen el paisaje.
2. Mira hacia el cielo nocturno, permitiendo que tu mente divague a donde quiera. Mientras contemplas las estrellas y absorbes la energía del universo, siente cómo el suelo te sostiene. Imagina que te infunde con toda la fuerza y el poder de la historia. Recuerda a aquellos que han caminado antes que tú y a aquellos que lo harán después de ti.

3. Cierra los ojos. Baja el telón en el brillante cielo y observa qué estrellas permanecen bajo tus párpados. Resiste la tentación de etiquetar o asignar un nombre a las constelaciones que veas. Simplemente úsalas como recordatorios del vasto mundo que está ahí fuera y del espacio físico que ocupas dentro de él. Reconoce el universo interior detrás de la oscuridad de tus párpados, tan expansivo y asombroso como el externo que acabas de experimentar.

4. Saca tu linterna y colócala a tu lado, apuntando hacia el cielo. Que sea un recordatorio de que eres la fuente de tu propia luz, un jugador importante en esta danza cósmica de la vida.

La próxima vez que te sientas pequeña, solitaria o subestimada, recuerda que todos estamos compuestos de los mismos bloques químicos que las estrellas. A nivel molecular, llevas el universo dentro de ti.

CÓMO SEGUIR AVANZANDO

Incluso si vives en una ciudad contaminada, aún puedes cultivar una relación valiosa con el cielo nocturno. Una de las formas más rápidas de hacerlo es simplemente dibujar lo que ves cuando salgas y mires hacia arriba. Esto te ayudará a identificar patrones que luego puedes investigar más a fondo. Como la luna y el sol, la constancia de estos maravillosos fenómenos naturales te servirá de consuelo.

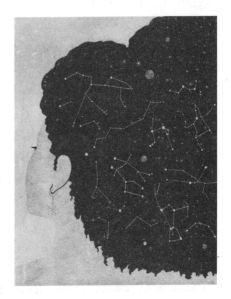

LA PRIMERA LUNA LLENA DEL INVIERNO

ES HORA DE ESCRIBIR

Las primeras palabras escritas fueron inmortalizadas en piedra en el segundo milenio antes de Cristo en una antigua lengua llamada sumeria. Hoy en día, la lingüística ha evolucionado hasta formar un repertorio de 171.476 palabras tan solo en inglés[9].

Creemos que un diario personal es la mejor herramienta para la autoexploración, y las ideas no se cristalizan hasta que se inmortalizan en una página. Es cierto que, dado que somos escritoras, no podemos ser imparciales, pero la investigación demuestra que escribir puede promover la claridad mental y ayudarnos a navegar de manera más eficiente en el mundo e, incluso, reducir nuestras visitas al médico[10].

Las historias que nos contamos no suelen reflejar nuestras experiencias. ¿Cuántas veces has imaginando todos los posibles escenarios negativos, para luego salir ilesa? Es muy fácil dejar que nuestro mundo interior nos gobierne sin prestar atención al mundo que nos rodea. Escribir en un diario puede ayudarte a cambiar patrones de pensamientos negativos al plasmarlos en la página, es decir, en el plano físico.

¿Qué hace que la combinación de papel y bolígrafo sea tan poderosa? Abordar las emociones que llevamos guardadas en nuestro interior puede reducir el estrés fisiológico y las manifestaciones físicas relacionadas con él. Es sorprendente que una actividad que podemos llevar a cabo en cualquier momento y lugar[11], de manera gratuita, tenga tal impacto.

UN RITUAL DE ESCRITURA PARA LA INTENCIÓN

La luna llena señala un momento de liberación y llevar un diario puede ayudarnos a dejar atrás el pasado y alejarnos de las creencias limitantes. Este ritual se vale del poder de la palabra escrita para ayudarnos a crear nuevas historias.

LO QUE NECESITARÁS DEL EXTERIOR

* Un diario o, simplemente, páginas en blanco que encuentres al comienzo de esta estación.
* Un bolígrafo.

LO QUE NECESITARÁS DEL INTERIOR

* La predisposición para ser totalmente sincera y anotar cualquier cosa que se te venga a la mente en el momento. Aquí no hay lugar para el perfeccionismo.

INSTRUCCIONES

1. La noche de la luna llena, toma tu diario y busca un lugar acogedor para instalarte. Si puedes, siéntate de manera que la luz de la luna te ilumine directamente o a través de una ventana. Si la luna no brilla lo suficiente donde estás, enciende una vela para evocar su energía.

2. Piensa en la estación del otoño y elabora una lista de todas las palabras que se te ocurran. Escribe en grande y da a cada palabra su propia línea en la página. No te censures ni consideres que alguno de los pensamientos es demasiado oscuro o trivial. Deja que tu yo superior se exprese. Sabrás que has terminado cuando no te venga ninguna palabra nueva a la mente.

3. Tómate un momento para reflexionar sobre tu lista. Luego, imagina hacer el mismo ejercicio en la frescura de la primavera, cuando haya pasado el invierno. ¿Qué palabras te gustaría ver en la página? ¿Qué esperas que llegue a tu vida en esta nueva estación? Con esa misma sensación de expresión ilimitada, anota esas palabras. La imaginación se ha comparado

con una estrella interior, así que permite que arroje luz sobre tus metas y deseos. Tus reflexiones pueden ser vagas o concretas, deseos universales o personales.

4. Mira tu lista de nuevo. ¿Hay alguna palabra o frase que te llame la atención? Evita darle vueltas a ninguna historia y permítete simplemente gravitar hacia ella. Cuando hayas elegido una palabra, recórtala o arráncala del diario, y deja que se convierta en tu pequeño tesoro. Colócala en un lugar donde la veas todos los días, ya sea en el espejo de tu habitación, en tu billetera o en el escritorio del trabajo. Que sea un recordatorio de tu compromiso de crecer y evolucionar en esta estación.

CÓMO SEGUIR AVANZANDO

Sigue el impulso de este ritual y tómate un momento para escribir algo, ¡lo que sea!, todos los días. Admite que tu cuaderno es mucho más que un conjunto de páginas con líneas escritas. Es una oportunidad para diagnosticar lo que te está afectando y elaborar tu propia solución. Cada vez que te sientes a escribir, realiza una breve revisión de tu cuerpo y mente para entender en qué estado te encuentras en ese momento. Recuerda que, ya sea que te sientas confundida, abrumada, estresada o eufórica, tu diario puede ser una herramienta para equilibrarte.

✳ **¿TE SIENTES ESTRESADA?**: dibuja una línea en el centro de la página y etiqueta la columna izquierda como «Estoy preocupada porque...» y la columna derecha como «Pero en el fondo sé que...». Registra tus preocupaciones y luego deja que tu intuición comience a desvanecerlas. Hacer esto justo antes de dormir puede ser especialmente útil, ya que prepara tu mente para tener sueños más despejados.

✳ **¿TE SIENTES ANSIOSA?**: si aún no te has sumergido en el fascinante y colorido mundo del *bullet journaling*, te recomendamos encarecidamente que lo busques en Google ahora mismo. Los *bullet journals* enumeran tareas mundanas junto a aquellas que te entusiasman. La próxima vez que te sientas abrumada, anota todas las tareas de tu lista y luego intercala las ideas, personas o eventos que te emocionen.

✳ **¿TE SIENTES MAL CONTIGO MISMA?**: escribe «Hoy me siento orgullosa de mí misma por...» y deja que lo que venga a continuación sea una mezcla de tus logros, sin importar lo pequeños que parezcan. Nos encanta hacer esto los domingos y nos recuerda que incluso un día de «pereza» y descanso nos ayuda a conservar energía para la próxima semana.

✳ **¿TE SIENTES FELIZ?**: inmortaliza ese sentimiento con una escritura detallada sobre las circunstancias que lo provocaron y cómo te hizo sentir en lo más profundo de tu ser. O escríbete una carta de ánimo para leer la próxima vez que te sientas decaída.

NAVIDAD

(25 DE DICIEMBRE)

DEJA QUE TUS ÁNGELES SE MANIFIESTEN

La idea de que todos tenemos ángeles y guías espirituales es reconfortante, pero a veces puede ser difícil de aceptar. Nadie lo sabe mejor que Emma. Aunque nunca se consideró una escéptica, no era una firme creyente en la vida después de la muerte ni en su tendencia a interactuar sutilmente con nosotros en la Tierra. Pero todo cambió cuando tuvo su primera lectura psíquica.

Cuando un médium de renombre llegó a mi oficina para hablar sobre una nueva oleada de sanadores místicos, esperaba que mi experiencia fuera relativamente tranquila; quizás tendría algunas percepciones intuitivas sobre mi personalidad o podría adivinar uno o dos parientes fallecidos (después de todo, ninguno de ellos tenía nombres especiales).

Unos segundos después de sentarse conmigo en una habitación y cerrar los ojos, el médium, una persona nada extravagante, comenzó a enumerar uno por uno a todos los miembros de mi familia que habían fallecido a medida que sentía su energía.

Ver para creer

Entonces, ¿qué hace que alguien sea considerado realmente un psíquico? Durante una lectura, suelen usar una combinación de las cuatro *clairs* (prefijo francés que significa «luz» y «claridad») para ver, oír y sentir a los guías espirituales de otra persona. En realidad, son los guías quienes hablan y hacen predicciones, mientras que el psíquico actúa como un canal muy receptivo para transmitir sus mensajes.

Clarividencia: la capacidad de ver espíritus.
Clarisensibilidad: la capacidad de sentir la energía.
Clariaudiencia: la capacidad de oír a los espíritus hablar.
Clariconsciencia: la capacidad de saber cosas que son verdaderas pero que aún no han ocurrido.

Habla con calma de las bromas pesadas que solía hacer con mi abuelo, que manifiesta su orgullo porque ingresé a esa universidad que empieza con «D» (me aceptaron en Duke poco después de que él falleciera). Habla de la necesidad de mi reciente ruptura desde la perspectiva de mi abuela, que siempre supo que él no era una buena persona. Siente sus energías y transmite sus mensajes con una precisión y claridad implacables. Luego, comienza a percibir algo de mi energía, dice que en algún momento escribiré un libro (a las pocas semanas firmé el contrato para escribir este libro) y que me mudaré de la ciudad de Nueva York a un lugar más tranquilo (este asunto aún no está decidido).

Al día siguiente, después de contarles a mis amigos mi experiencia, recibí bastantes comentarios como «Por supuesto que cree que escribirás un libro; eres editora» y «Podría haber buscado tu nombre y descubierto cómo murió tu abuelo». Sí, es posible que haya hecho deducciones basadas en datos, y sí, tal vez era un experto en buscar en Google. Pero elijo confiar en que la experiencia que tuve en esa habitación ese día fue algo más: un recordatorio del universo de que hay mucho más en este mundo de lo que vemos, oímos y tocamos.

De alguna manera, es reconfortante saber que nunca estamos realmente solos. Que cada vez que salimos, estamos rodeados no solo de docenas de desconocidos, sino también de los seres queridos que han dejado este plano físico pero aún nos acompañan en otro plano, que nos tocan de formas que nunca podremos explicar o cuantificar, pero que siempre percibimos de alguna manera.

UN RITUAL CON VELAS PARA LA CONEXIÓN

El período previo al año nuevo siempre ha sido un momento de celebración y unión familiar. Aunque las celebraciones invernales como la Navidad, Kwanzaa y Hanukkah son ocasiones muy diferentes, todas ellas ofrecen oportunidades para que las personas se reúnan bajo un mismo techo. Con independencia de la festividad que celebres, te invitamos a aprovecharla como una oportunidad para conectarte con tus seres queridos, los de este plano y los del más allá. Y no hace falta que te visite un médium famoso para hacerlo; tan solo tener la mente clara y un poco de fe. Los antiguos alquimistas creían que el fuego albergaba el alma y las cenizas traían nueva vida, por lo que usaremos velas para conectarnos con la sabiduría del otro mundo[12].

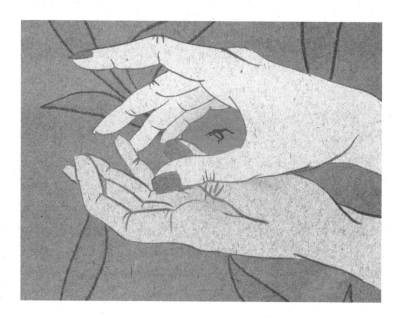

LO QUE NECESITARÁS DEL EXTERIOR

* Dos velas: una violeta y otra blanca.
* Un cristal de tu elección (consulta la sección de cristales de tu kit de herramientas en la página 34).
* Una foto de un familiar o amigo que haya fallecido.
* Aceite esencial Thieves o cualquier aroma que te recuerde a esta época del año.

LO QUE NECESITARÁS DEL INTERIOR

* Una mente tranquila y un cuerpo relajado para que puedas escuchar y sentir cualquier mensaje sutil que pueda llegarte.

INSTRUCCIONES

1. Reserva unos momentos durante la temporada navideña para entrar en una habitación, apagar las luces y preparar un pequeño altar en honor a un ser querido fallecido. Puede ser tan simple como colocar una foto de él en una mesa o preparar algunos de sus objetos favoritos. Puede ser una extensión de tu altar si estás en casa o uno nuevo si te vas de viaje durante las vacaciones para visitar a la familia.

2. Enciende la vela blanca (el color de la pureza y la paz) y la violeta (el color de la conexión espiritual y la intuición) y colócalas en tu altar[13]. Si tienes los aceites esenciales a mano, comienza a propagarlos para añadir otro elemento sensorial a la mezcla.

3. Observa cómo arden las velas, sujeta el cristal en una mano y respira profundo para silenciar el parloteo mental. Piensa en algún momento que compartiste con la persona en cuestión y deja que tu mente llene la escena de detalles y que tu cuerpo sienta una gran sensación de tranquilidad y paz con este recuerdo. Cuando creas que has terminado, continúa. Pinta la escena con colores vívidos.

4. Repite el mantra, ya sea internamente o en voz alta: «Estás conmigo; siempre estás conmigo» durante unos instantes. Luego, siéntate en silencio y deja que tu cuerpo sienta la energía de su espíritu en la habitación, y atribuye todas las sensaciones a su presencia. No dudes de tus sentimientos.
5. Finaliza la ceremonia apagando la vela y sosteniendo el cristal sobre ella. Imagina que la danza del suave humo contiene la fuerza de tu guía y está cargando tu piedra.
6. Coloca el cristal junto a tu árbol, menorá u otro adorno navideño como un recordatorio de la presencia de ese espíritu. Debes saber que te acompaña durante la celebración y que te observa con un amor invisible pero eterno.

CÓMO SEGUIR AVANZANDO

Tanya Carroll Richardson, una autora y psíquica que vive en Nueva York, sabe un par de cosas sobre sintonizar con el mundo espiritual. A continuación verás algunos de sus mejores consejos para que aproveches tu propia intuición y captes las pistas que tus guías te envían a lo largo del año.

1. **COMPRENDE EL LENGUAJE:** el reino espiritual es mucho más complejo de lo que imaginas. Se cree que todos estamos influenciados por guías espirituales (seres que una vez vivieron en este plano y ahora nos guían desde arriba), ángeles (seres que siempre han existido en planos superiores) y seres queridos fallecidos (como abuelos que fallecieron cuando éramos jóvenes y con frecuencia son influencias espirituales activas, ya que nos han visto crecer). Todos trabajan juntos para guiarnos en la vida aquí en la Tierra, con una pista o un impulso a la vez.

2. **RECONOCE LAS SEÑALES**: las señales del plano superior pueden ser cualquier cosa, desde una canción, una secuencia de números, un animal o una corazonada. ¿Alguna vez te has dado cuenta de que miras el reloj instintivamente a la misma hora todos los días? ¿O que siempre escuchas la misma canción en la radio? Podría ser porque tus guías se emocionan cuando empiezas a captar estas pistas y te envían más.

3. **CONFÍA EN TU INTUICIÓN**: la mayoría de nosotros somos más intuitivos (o clarisensibles) de lo que creemos, así que no dudes de ti misma. Si crees que estás recibiendo una señal del universo, probablemente así sea.

4. **LA PRÁCTICA HACE AL MAESTRO**: a medida que dediques más tiempo a interactuar activamente con tus guías, mejor te volverás haciéndolo. ¿Una de las sugerencias favoritas de Richardson para comunicarte con los del otro mundo? ¡Escribirles una carta!

NOCHEVIEJA

CREA TU PROPIO CALENDARIO

El 31 de diciembre no tiene una historia especialmente llamativa. De hecho, el inicio del nuevo año no siempre se celebraba en invierno, sino durante el equinoccio de primavera, en marzo, que también marcaba el comienzo del zodiaco.

La razón es que nuestro calendario solía seguir directamente las fases de la luna, pero como el cielo no sigue el mismo calendario exacto año tras año, solía necesitar correcciones. Fueron Julio César y un astrónomo griego llamado Sosígenes quienes crearon la base de nuestro calendario moderno, pero incluso en esa versión, el 1 de enero no señalaba el comienzo del año nuevo. No fue hasta que el papa Gregorio XIII modificó nuevamente el calendario en la década de 1570 que este día adquirió tal significado[14].

Desde el siglo XVI, hemos inventado majestuosos rituales para la víspera de año nuevo con la idea de simbolizar la celebración y el cierre. Mientras que el sol se pone el 31 de diciembre como lo hace cualquier otro día y sale el 1 de enero como lo hace en cualquier otro día, en el medio organizamos una fiesta de bienvenida para una nueva era, repleta de fuegos artificiales, brillos y grandes propósitos. El hecho de que los seres humanos hayan asignado un día para tal simbolismo es un recordatorio de la naturaleza efímera del tiempo. Hoy es solo otra fecha a la que le hemos dado significado. En realidad, cualquier día tiene el potencial para ser un momento en el que surjan nuevos patrones.

UN RITUAL ASTROLÓGICO PARA INSPIRARSE

Aunque recordar establecer nuevas resoluciones es valioso, no deberíamos convertirlo en una limitación. En otras palabras, no te obsesiones con los típicos planes ególatras de Año Nuevo, como «perder X kilos» o «conseguir X ascenso». En lugar de eso, aprovecha el final del año calendario como un momento para reflexionar sobre quién eres y lo que deseas ser en el futuro. No hay mejor momento para adentrarte más en tu carta natal (la mencionamos en la página 55) que mediante un ritual astrológico festivo que ilumine todo lo que te llevas contigo a la próxima etapa.

LO QUE NECESITARÁS DEL EXTERIOR

* Tu carta natal (puedes calcularla en línea).
* Un diario o, simplemente, páginas en blanco que encuentres al comienzo de esta estación.
* Un bolígrafo rojo.
* Un bolígrafo azul.
* Lápices de colores/materiales artísticos (opcional).

LO QUE NECESITARÁS DEL INTERIOR

* La predisposición de mirar más allá de ti misma y creer en los dones que el universo te ha otorgado.

INSTRUCCIONES

1. Anota la fecha, hora y lugar de tu nacimiento en un generador de cartas natales que también proporcione una descripción escrita de tu carta (recomendamos *Cafe Astrology*). Si te estás preparando para una fiesta o celebración de Nochevieja y tienes poco tiempo, puedes hacerlo el día anterior. ¡También es una actividad divertida para compartir con una amiga o un familiar si deseas hacer algo especial!

2. Escucha tu canción favorita y comienza a interpretar tu carta, presta especial atención a los signos del zodiaco de los tres elementos principales mencionados anteriormente. Lee las descripciones de estos signos, subraya en azul las palabras y frases que deseas incorporar en tu vida en el año nuevo, y en rojo de las que deseas librarte.

3. Cuando hayas completado tu carta, pasa esas palabras a una nueva hoja de papel. Escribe las palabras que deseas atraer en un tamaño de fuente más grande que las que deseas desechar. Piensa en esto como si fuera una especie de limpieza con vibraciones positivas y siente cada palabra como lo haría Marie Kondo. ¿Te inspira felicidad? Si no es así, déjala ir.

4. Toma cualquier material artístico que tengas y haz un despliegue con colores, patrones y símbolos que sea fiel a ti y represente lo que deseas que te traiga el nuevo año.

5. Considera esta creación como un tablero de visión vivo y dinámico al que le puedes añadir cosas a medida que avanza el año. Guárdalo cerca de tu altar para que puedas consultarlo siempre que necesites recordar las cualidades asombrosas que posees en tu interior. Deja que estos rasgos reemplacen los típicos propósitos. El universo ya los ha colocado dentro de ti; solo necesitan un pequeño empujón para emerger.

CÓMO SEGUIR AVANZANDO

Jennifer Racioppi recurre a la astrología para empoderar a las mujeres emprendedoras y ayudarlas a alcanzar sus metas en los negocios y en otros aspectos de la vida. Es experta en la lectura de cartas natales con un propósito. Le pedimos sus mejores consejos para obtener ideas prácticas de tu carta a lo largo del año, especialmente en lo que respecta a tu carrera.

1. **ESTABLECE LAS BASES**: identifica tu signo solar, tu signo lunar y tu signo ascendente, y comprende cómo te relacionas con ellos (en qué casa se encuentran, qué planeta los rige y dónde se ubica el planeta regente). Luego, observa el Medio Cielo, que está en la cúspide de la décima casa, en la parte superior de tu carta. Cualquier actividad cercana al Medio Cielo es crucial para tu carrera, ya que se relaciona con tu posición social y reputación.

2. **ENCUENTRA TU ELEMENTO**: otro aspecto importante que considerar al leer tu carta natal para tu carrera son tus energías elementales. Aries, Leo y Sagitario son signos de fuego; Capricornio, Tauro y Virgo son signos de tierra; Géminis, Acuario y Libra son signos de aire; y Piscis, Cáncer y Escorpio son signos de agua. Reflexiona sobre la composición elemental de tus signos solar, lunar y ascendente. ¿Qué elementos están representados? ¿Cuáles faltan? Intenta incorporar un poco de esta energía faltante en tu rutina diaria. Por ejemplo, si en tu carta falta el elemento fuego, considera incluir alimentos picantes y actividad aeróbica en tu día a día. ¿Te falta aire? Inicia una rutina de respiración profunda o de escritura en un diario. Vigila tu presupuesto y pasa más tiempo en la naturaleza si necesitas más energía de tierra. Y si sientes que te falta agua en tu vida, pasa tu próxima noche en casa viendo una película lacrimógena o escribiendo una carta cargada de emociones a un ser querido.

3. **SUMÉRGETE EN TU SIGNO SOLAR**: otro punto importante es si tu signo solar es cardinal, mutable o fijo, ya que esto está relacionado con tu estilo de trabajo. Los signos cardinales inician las estaciones (Capricornio, Aries, Cáncer y Libra) y, en cuanto a la carrera profesional, se caracterizan por ser

agresivos, asertivos y ansiosos por iniciar proyectos. Los signos fijos (Acuario, Tauro, Leo y Escorpio) llegan después y mantienen el equilibrio en la mitad de cada estación, lo que los convierte en signos estables y seguros. Por otro lado, los signos mutables (Géminis, Virgo, Sagitario y Piscis) aparecen al final de las estaciones, por lo que son los miembros del zodiaco que son flexibles y se adaptan con facilidad, lo que nos prepara para el cambio.

4. **NO OLVIDES LAS CASAS**: la décima casa (éxito en la carrera), la segunda (autoestima), la sexta (rutina diaria) y la octava (finanzas) son comúnmente relacionadas con el trabajo y el dinero, así que presta especial atención a ellas. Racioppi también se suele referir a la tercera casa (comunicación) y a la quinta casa (creatividad) cuando aconseja sobre la carrera profesional, así que considera los aspectos de tu carta que caen en esas casas. Por ejemplo, el animado y comunicativo sol de Emma en Géminis se encuentra en su décima casa de prestigio y reconocimiento, por lo que no es de extrañar que se comunique a través de la escritura como profesión.

DÍA DE AÑO NUEVO

(1.º DE ENERO)

UNA CIENCIA AHUMADA

El sahumado, que consiste en quemar una hierba y utilizar su humo para hacer desaparecer la energía negativa, es una práctica ancestral que las culturas indígenas han empleado en la medicina, los rituales y la religión durante casi dos mil años. Los poderosos aromas de la salvia y la estevia han perdurado hasta hoy y es probable que te reciban tan pronto como entres en cualquier tienda esotérica.

Pero el sahumado es mucho más que un agradable aroma envuelto en significado histórico. El humo ha sido un vehículo de la medicina durante milenios y se lo ha utilizado para tratar desde enfermedades respiratorias hasta dolores de muelas. Según una revisión exhaustiva, al menos cincuenta países han aprovechado el poder de cientos de hierbas, la mayoría de las veces como remedios neurológicos (sedantes y alucinógenos) y tratamientos pulmonares (descongestivos), pues se creía que funcionaban rápidamente cuando se inhalaban por la nariz[15]. Algunos estudios recientes validan este antiguo método y, de acuerdo con uno de ellos, una hora quemando madera y hierbas medicinales reducía en un 94 % las bacterias del aire[16].

Existe un poder en el humo que va más allá de lo medicinal. Los chamanes y los consejeros espirituales utilizan la salvia seca para invocar a los ancestros y limpiar los espíritus. Se cree que el humo absorbe la negatividad o el estrés y luego los hacen desaparecer en el aire.

Hoy en día, tenemos razones para creer que el humo de las hierbas puede mejorar nuestro estado de ánimo porque modifica la ionización del aire. Si no recuerdas las clases de química de la escuela, la ionización ocurre cuando los átomos ganan o pierden electrones al chocar con otros átomos o al interactuar con la luz. Se cree que el humo de hierbas secas hace que la composición iónica del aire sea más negativa, lo cual se ha relacionado con una mejora en la memoria y la concentración e, incluso, con una reducción de las tasas de depresión[17]. De hecho, en la actualidad se están investigando hierbas como el ginseng, la salvia y la melisa como tratamientos complementarios para el alzhéimer y la demencia[18].

UN RITUAL HOGAREÑO PARA TENER CLARIDAD

Es un nuevo día, un nuevo año, una nueva oportunidad para sentar las bases del crecimiento. Ayer realizaste el trabajo interno e identificaste las cualidades que deseas que lleguen a tu vida. Ahora es el momento de crear el espacio físico para albergarlas. Con este ritual, aprovecharás el poder purificador y estimulante de las hierbas para comenzar el año con la mente clara.

LO QUE NECESITARÁS DEL EXTERIOR

* Hierbas secas de tu elección (a nosotras nos encantan la salvia y la lavanda).
* Una caracola marina grande, un plato o un tazón.

LO QUE NECESITARÁS DEL INTERIOR

* Una visión de toda la energía que deseas atraer a tu vida este año, para que puedas diseñar el espacio para albergarla.

INSTRUCCIONES

1. Prepara tu hogar abriendo todas las puertas y ventanas para permitir una buena circulación de aire. (Si hace mucho frío, abre una de forma simbólica).
2. Enciende el extremo del ramillete de hierbas y deja que arda durante unos segundos antes de apagarlo. Colócalo en la

caracola marina y deja que el humo se disipe en el aire. La caracola marina representa el elemento agua; la llama, el fuego; el soplo para apagarla, el aire, y las hierbas en sí representan la tierra.

3. Desplaza la vara humeante a tu alrededor, comenzando por encima de tu cabeza y moviéndola lentamente hacia abajo por todo tu cuerpo. Mientras te envuelves en el humo, siente cómo absorbe tu negatividad interna y deja solo luz. Mueve la vara en forma de ocho para sellar esta energía. Se cree que el símbolo que representa el infinito y que se refleja en nuestro ADN tiene un profundo poder sanador.

4. Ahora que te has purificado, es hora de abordar el resto de tu espacio. Mientras vas de habitación en habitación, mueve la vara de salvia lentamente: hacia el techo, hacia el suelo y en los rincones más estrechos. Deja que tu intuición te guíe sobre qué lugares necesitan una limpieza adicional. También puedes permitir que las propiedades del *feng shui* guíen tu camino (hablaremos más sobre ello en la siguiente sección). Haz que todo el proceso sea una meditación en movimiento al repetir el mantra «Acepto con gratitud lo positivo y dejo con gratitud lo negativo».

5. Finaliza el ritual frotando la vara de sahumado en la caracola marina para que se extinga el humo. Esparce la ceniza que haya quedado afuera para devolverlas a la tierra. Ten en cuenta que puedes repetir este ritual cada vez que sientas que tu hogar está estancado o carece de inspiración.

CÓMO SEGUIR AVANZANDO

Ahora que has eliminado la negatividad de tu espacio, es hora de empezar a llenarlo de buenas vibraciones. Apelar al *feng shui*, la antigua práctica china de organizar el entorno para promover el flujo de energía positiva, añade otra capa a la limpieza de tu hogar. El *feng shui* divide la casa en nueve áreas, y así se crea lo que se conoce como un «mapa bagua». Cada sección del perímetro se llama «gua» y el centro de tu hogar siempre es el noveno componente.

1.	2.	3.
4.	5.	6.
7.	8.	9.

Echa un vistazo a lo que representa cada *gua* y piensa en cuáles deseas acentuar con las mejoras energéticas que recomienda la arquitecta y maestra de *feng shui*, Anjie Cho. Si abordar toda tu casa te parece abrumador, comienza por algo pequeño, como dividir tu dormitorio o incluso tu escritorio en estas áreas.

1. RIQUEZA: coloca una pieza de citrino natural, que se cree que atrae la prosperidad, en la zona de la abundancia de tu hogar.

2. RECONOCIMIENTO Y FAMA: una planta viva de color verde (o en múltiplos de tres, cinco o nueve) proporciona abundante *qi*, la inspiración ilimitada necesaria para el crecimiento.

3. MATRIMONIO: un par de cuarzos rosa pulidos pueden encender la zona de relaciones del dormitorio con la energía del amor, además de fomentar el amor propio y la gentileza. Si te encuentras en la puerta de tu dormitorio mirando hacia el centro de la habitación, está en la esquina derecha más lejana.

4. **FAMILIA Y NUEVOS COMIENZOS**: cuelga un amuleto por cada uno de los animales del zodiaco chino en un solo hilo. Cada uno representa un arquetipo y personalidad diferentes, por lo que atarlos con un hilo simboliza la armonía familiar.

5. **SALUD**: la zona de la salud se encuentra en el centro, o corazón, de tu hogar. Está relacionada con la tierra y la conexión, así que coloca tonos terrosos y suaves en todo el espacio.

6. **REALIZACIÓN Y NIÑOS**: un carrillón de viento metálico con cinco cilindros (para representar los cinco elementos) emite una canción resonante que simboliza una realización amorosa en todo tu espacio.

7. **CONOCIMIENTO Y EL CULTIVO PERSONAL**: utiliza pintura o accesorios para llenar esta área con tonos azules oscuros que pueden evocar conocimiento, habilidad y espiritualidad.

8. **CARRERA PROFESIONAL**: invierte en una pequeña fuente o pecera para evocar el elemento agua relacionado con el éxito profesional y nuevas oportunidades.

9. **BENEFACTORES Y VIAJES**: si deseas viajar más, piensa en comprar un molinillo de viento metálico para simbolizar los vientos del cambio y la oportunidad de exploración ilimitada.

DÍA DE SAN VALENTÍN

(14 DE FEBRERO)

PREPARAR UNA POCIÓN DE AMOR

El 14 de febrero no siempre ha estado relacionado con chocolates y emojis de corazones. Las celebraciones modernas tienen sus raíces en los hechizos de amor de la antigua Grecia.

Los griegos se reunían en majestuosos santuarios, cada uno dedicado a un dios en particular, con la esperanza de recibir la guía de esa deidad[19]. Cada templo era único y se construía para evocar la naturaleza del espíritu relacionado, como el templo de Poseidón, el dios del mar, que ofrecía una vista espectacular del agua. El templo de Afrodita, la diosa del amor, la pasión y la fertilidad, se llenaba de mujeres que esperaban quedarse embarazadas, casarse o reavivar una relación ya existente[20]. Armadas con pasteles de miel, flores y frutas dulces como ofrendas, cantaban himnos, le hacían ofrendas a Afrodita y vertían agua en la tierra para sellar sus intenciones.

Las expresiones de amor han tomado diferentes formas desde aquellos días, pero las flores son un elemento recurrente en la mayoría de ellas. A lo largo de los años, incluso le hemos atribuido identidades y personalidades a los pétalos y hemos desarrollado un lenguaje romántico a partir de las flores[21].

El poder de las flores

En otros tiempos, las flores eran consideradas «mensajeras del corazón», tesoros naturales capaces de comunicar grandes sentimientos sin pronunciar una sola palabra[22]. Los primeros indicios del lenguaje de las flores, también conocido como floriografía, se encuentran en una nota escrita por Walahfrid Strabo, un monje que vivió en el siglo VIII. Cuando hablaba sobre el jardín de su monasterio, mencionaba dos de las primeras plantas imbuidas de significado: la rosa, símbolo de «la sangre derramada de los mártires», y el lirio, un «brillante símbolo de fe». Según él, la rosa se recogía para tiempos de guerra, mientras que el lirio representaba la paz[23].

Este lenguaje oculto continuó desarrollándose durante la Edad Media. Una historia de esa época habla de amantes que no podían estar juntos, así que comenzaron a enviarse rosas empapadas de lágrimas como símbolos de pasión y dolor[24].

Los mensajes a través de las flores realmente comenzaron a florecer en la reservada Inglaterra victoriana, cuando ciertas palabras eran demasiado tabúes para pronunciarse en voz alta. Los ramos de flores se convirtieron en una suerte de carta y las personas las intercambiaban para expresar alegría, amor y odio. En esa época, una gran variedad de flores llegó a Europa desde América, las suficientes como para mantener ocupados a los curiosos intérpretes. Con diccionarios de flores en mano, la gente podía pasar días interpretando el significado de las flores que recibían de amigos, familiares y enamorados, buscando pistas en la forma y el color de cada pétalo. Como era de esperar, esto dio lugar a numerosas interpretaciones erróneas, lo que finalmente llevó a que el lenguaje de las flores cayera en desuso en el siglo XX.

Aun así, hoy en día podemos escuchar algunos susurros de este lenguaje floral. La mayoría de nosotros sabemos que una rosa roja simboliza el amor y la pasión, mientras que un girasol representa la amistad, la longevidad y la calidez.

UNA LIMPIEZA FACIAL FLORAL PARA LA FEMINIDAD Y EL AMOR PROPIO

Todos podemos aprovechar el día de hoy para celebrar esos cálidos y reconfortantes sentimientos que nos embargan mientras nos movemos por la vida, tengamos pareja o no. Este ritual se basa en las flores, que pueden ser poderosos recordatorios de la luz, incluso en pleno invierno, para expresar un amor propio radical.

LO QUE NECESITARÁS DEL EXTERIOR

* Romero (ya sea en forma de flores o aceite esencial).
* Lavanda (ya sea en forma de flores o aceite esencial).
* Un lirio o una flor fresca de tu elección, en caso de que no haya lirios donde vives.
* Un recipiente grande con agua hirviendo.
* Una toalla.

LO QUE NECESITARÁS DEL INTERIOR

* Respirar profundamente.
* Una visión del tipo de amor y pasión que estás buscando.

INSTRUCCIONES

1. Vierte una olla de agua hirviendo en un recipiente hasta la mitad. Rápidamente, agrega cinco ramitas de romero fresco o cinco gotas de aceite esencial de romero para simbolizar el recuerdo del pasado y el amor duradero hacia el futuro. Incorpora cinco ramitas de lavanda fresca o cinco gotas de aceite

esencial de lavanda para simbolizar la feminidad y la espiritualidad. Por último, coloca un lirio, que representa esperanza y luz en esta mezcla fragante y colorida, y reserva uno de sus pétalos para más adelante.

2. Inclínate para que tu rostro quede justo por encima del nivel del agua y luego cúbrete la cabeza con una toalla para atrapar el vapor. Absorbe los mensajes que emanan del recipiente, que representan el pasado, el presente y el futuro, reflexiona sobre amores pasados, ya sean románticos o no, aprecia los amores que tienes en la actualidad y visualiza los amores que llegarán.

3. Deja que las flores, con su danza a lo largo de las estaciones, floreciendo, creciendo, muriendo y volviendo a florecer, te recuerden que el amor está lejos de ser estático. El amor tiene altibajos a lo largo del tiempo, pero nunca deja de ser hermoso. Quédate sentada durante cinco a diez minutos, envuelta en el calor, e imprégnate de este amor incondicional y firme con cada inhalación.

4. Levántate del vapor cuando el agua se haya enfriado y coloca las manos en tu rostro para atrapar esta energía. Luego, toma el único pétalo que te ha quedado, ciérralo entre tus manos y cárgalo con el propósito de vivir un amor infinito durante el invierno.

CÓMO SEGUIR AVANZANDO

Según el lenguaje de las flores, cada una de las siguientes posee una energía profundamente amorosa en sí misma[25]. De ahora en adelante, puedes seguir utilizándolas en limpiezas faciales, dejar caer algunos de sus pétalos en la bañera, elaborar esencias florales con ellas o simplemente adquirir el hábito de regalarte un ramo fresco cada semana.

* Hibisco: belleza delicada.
* Pasiflora: fe y afecto.
* Rosa rosada: alegría y conexión.
* Prímula: amor joven.
* Rosa roja: pasión y deseo.
* Girasol: calidez y prosperidad.
* Tulipán: imaginación y ensoñación.
* Clavel blanco: buena fortuna.
* Rosa blanca: encanto e inocencia.

DÍA DE CONTAR CUENTOS DE HADAS

(26 DE FEBRERO)

FELICES PARA SIEMPRE, POR SIEMPRE

Con raíces en la palabra latina *fatum*, que significa «encantar», y la palabra francesa *feerie*, que significa «ilusión», los cuentos de hadas añaden un toque adicional de imaginación[26] a la narración tradicional. Aunque se asemejan a los mitos y fábulas transmitidos de generación en generación  desde tiempos inmemoriales, estos cuentos incorporan personajes, trama y una buena dosis de fantasía. Nos transportan a un mundo donde «Érase una vez» es el comienzo de un relato, un lugar donde la fantasía y la realidad se entrelazan para tejer un «Felices para siempre». Como dijo en su momento un filósofo anónimo: «El cuento de hadas es una presentación poética de una verdad espiritual»[27].

Antes de la invención de la imprenta, estas historias se transmitían oralmente y adquirían nuevas personalidades con cada narración. Los antropólogos han rastreado más de 58 versiones de Caperucita Roja y más de 310 relatos diferentes de Rapunzel en diversas épocas y culturas[28]. Algunos de los primeros libros que combinaron texto e ilustraciones fueron *Twinkle, Twinkle Little Star* y *Dance Little Baby*[29], *Dance Up High*.

A medida que nuestras historias han evolucionado, también lo han hecho las míticas hadas que las habitan. Las hadas de la era victoriana adoptaron una forma más humana en comparación con las hadas madrinas encapuchadas y con varita a las que estamos acostumbradas en la actualidad. Eran hermosas mujeres portadoras de largos y holgados vestidos, a menudo coronadas con flores y mariposas de los bosques que consideraban su hogar. Personificaban la feminidad y la rebeldía al mismo tiempo, y elegían vivir en la naturaleza en lugar de seguir caminos más tradicionales.

Las hadas siempre han sido la personificación del espíritu. Ejemplifican un estilo de vida que es salvaje y sin restricciones, misterioso y, sin lugar a duda, mágico.

UN RITUAL DE DIBUJO PARA RENACER

Ya sea que hayas dejado tus ventanas abiertas para que Peter Pan y Campanita te llevaran a Nunca Jamás o te hayas autoproclamado Bella Durmiente y luchado contra tu maldición, la mayoría de nosotras guarda recuerdos de la infancia teñidos por cuentos de hadas. Aunque sus orígenes son desconocidos, el día de contar cuentos de hadas nos brinda la oportunidad de rememorar nuestra juventud, un tiempo en el que las tierras místicas no parecían estar tan alejadas. Hoy, demos un paso adelante como personas que llevan su propia magia, las protagonistas encantadas de sus propias historias.

LO QUE NECESITARÁS DEL EXTERIOR

* Una hoja de papel en blanco.
* Dos bolígrafos de colores diferentes, preferiblemente uno negro y otro azul o rojo.

LO QUE NECESITARÁS DEL INTERIOR

* La predisposición de plasmar tu propia imagen, incluso si «no eres una artista».

INSTRUCCIONES

1. Pon una canción que asocies con un momento difícil de tu vida que hayas superado. Puede ser la melodía de una relación pasada o una que haya estado de fondo durante una pérdida. Cierra los ojos e imagina a la persona que eras en ese momento, respira con calma mientras escuchas el estribillo de la canción y sostenla hasta llegar al final de la melodía.
2. Mantén esta imagen en mente, toma tu bolígrafo negro o el más oscuro que tengas y esboza a la persona que viste. No hace falta que sea una representación exacta de ti. Ni siquiera

hace falta que tenga una forma humana. Deja que la visualización que acabas de hacer guíe tu mano sin juzgar.

3. Ahora, pon una canción que adores y que te haga sonreír. Cierra los ojos y observa tanto al ser que eres en este momento como al que deseas llegar a ser algún día. ¿Cómo se le ve bailando en medio del bullicio?

4. Dibuja esta figura con el color más claro y, una vez más, permite que tu imaginación dicte las líneas en la página. Mantén a este personaje contigo y utilízalo como un marcador de página para avanzar en tus libros, si lo deseas.

CÓMO SEGUIR AVANZANDO

Incluso si no te consideras una persona especialmente artística, es probable que puedas sacarle provecho a unos minutos para ser creativa. Explorar el mundo de las artes visuales es una manera de entrar en un estado meditativo, mientras dejas fluir parte de tu diálogo interno. A continuación verás algunas maneras de aprovechar los cinco sentidos para hacer del arte una experiencia aún más consciente.

* **OÍDO**: pon una canción y deja que las notas guíen tu pluma o pincel. Tómatelo como una oportunidad para dejar que tus sentidos se mezclen entre sí, incluso si no llegas al final de la canción.

* **TACTO**: toma un lápiz y camina por tu casa, el parque o tu café favorito (aunque quizás lo mejor sería consultarlo primero con el dueño), y detente en cualquier textura que te llame la atención, ya sea una mesa, un libro o una planta. Luego, coloca tu papel sobre ella y frota tu lápiz para que la textura se transfiera a la página. Deja que estos dibujos sean la base de tu creación y luego lleva el retrato a donde desees.

* **VISTA**: elige un objeto que no te guste *para nada*; tal vez sea una mesa vieja que tu pareja insiste en mantener en casa o un archivador que te recuerda la temporada de impuestos. Dibújalo en detalle. Al plasmarlo en la página, estás separando su forma física de las emociones que le has atribuido y así te recuerdas que, al fin y al cabo, es simplemente un objeto más.

* **GUSTO**: la próxima vez que comas una comida a solas o, si buscas hacer algo un poco diferente con la persona que te acompañe a comer, lleva contigo tu pluma y lápiz a la mesa. Come lentamente y con atención, cierra los ojos con cada bocado para apreciar realmente el sabor y la textura. Luego, crea una divertida representación de cómo ese sabor se traduciría en un objeto físico que no sea comida. ¿Imaginarías a tu ensalada como un anciano gruñón? ¿O a tu pasta como una cama lujosamente vestida?

* **OLFATO**: establece la rutina de difundir un aceite esencial en tu habitación todas las noches, y elige el color que más convenga antes de dormir. En poco tiempo, tendrás tu propio calendario aromático.

DÍA INTERNACIONAL DE LA MUJER

(8 DE MARZO)

EL CANTO A LA SORORIDAD

A raíz de la invitación de dos de sus maestras espirituales favoritas, Alexandra Roxo y Ruby Warrington, las cocreadoras de Moon Club, Emma se inscribió en un encuentro de mujeres que duró tres días y se llevó a cabo en el norte del estado con el fin de celebrar la luna nueva en Leo. No tenía idea de lo que le esperaba...

Estoy sentada en el suelo, con las piernas cruzadas, rodeada de unas veinte mujeres, y solo sé el nombre de cinco de ellas. Estamos en el primer día de un retiro de luna nueva en el norte de Nueva York. Uso la palabra «retiro» con precaución, ya que el tiempo que pasamos juntas en esta cabaña en el bosque se siente muchísimo más exigente, agotador e intenso que cualquier trabajo de lunes a viernes. En tributo a la oscuridad que envuelve el cielo afuera, nosotras, desconocidas, estamos utilizando este fin de semana como una oportunidad para sumergirnos en nuestro lado sombrío, esa parte desordenada, cruda, emocional y ruda de nosotras mismas que rara vez se nos invita a mostrar.

Nuestras intrépidas líderes nos dicen que nos despojemos por completo de nuestras máscaras con el próximo ejercicio. Nos invitan a sentarnos frente a una compañera y mirar su ojo izquierdo. Luego nos dicen que gritemos, gimamos y lloremos ante esta mujer, con la seguridad de saber que ella nos da el espacio para que nos liberemos, que no romperá el contacto visual sin importar lo desenfrenadas que se vuelvan las cosas.

Mi compañera y yo no sabemos nada la una de la otra, excepto que somos mujeres en este mundo. Y, por algún motivo, con eso basta. Sostenemos la mirada con firmeza en un gesto de apoyo y comprensión sin vacilar. Es gracias a su promesa silenciosa que yo dejo que mi voz se una al coro.

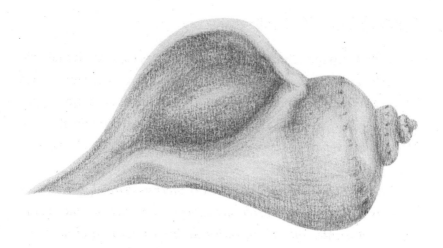

El sonido es inmenso: años de frustración, tristeza, enojo y alivio se fusionan en un canto de rebeldía y energía. Nos liberamos con honestidad y nos rebelamos totalmente. Después de silenciar algunas de nuestras emociones durante tanto tiempo, ahogándolas por el bien de los demás o por nuestra propia crítica interior, el hecho de soltarlas como si nadie estuviera mirando es más que catártico. De alguna manera, los resultados son hermosos en su crudeza; la sinfonía del poder femenino es extrañamente melódica.

Más tarde esa noche realizamos un ritual para llevar estas emociones al mundo físico, donde finalmente pueden ser liberadas. Cada una de nosotras arroja algo que nos está frenando al fuego, y dejamos que se eleve con el humo y se disipe en el nítido aire nocturno. «Suelto la autoconciencia y el autosabotaje». «Libero la necesidad de sentirme validada por cualquiera que no sea yo misma». Pronunciamos estas palabras no solo para nosotras, sino también para todas las demás en el círculo. Para salir de nuestra mente y sentir en nuestro vientre, donde vive esa salvaje alma femenina, en un acto de liberación animal.

Esa noche, no estábamos divididas por las diferentes historias de cada una, sino unidas en la experiencia compartida de la feminidad. ¡Qué increíble es pensar en nosotras como un colectivo! Para soltar simultáneamente nuestra sombra y que podamos brillar juntas un poco más en el mundo.

UN RITUAL EN PAREJA PARA LA ESTABILIDAD

Unámonos en el Día Internacional de la Mujer para gritar, no susurrar, nuestro valor. Esta festividad tuvo sus inicios en los movimientos laborales del siglo xx en América del Norte y Europa, y marcó un punto crucial en la lucha por los derechos de las mujeres. Hoy en día cuenta con el respaldo de las Naciones Unidas y nos recuerda la celebración del poder y del potencial que a las mujeres nos obligaron a ocultar durante tanto tiempo. Este último evento espiritual de la estación es una señal para mirar hacia el futuro y descubrir cómo podemos llevar esta energía hacia delante.

LO QUE NECESITARÁS DEL EXTERIOR

* Una amiga.
* Un cristal u otro objeto especial (pequeño) para cada una.
* Un bolígrafo y un diario para cada una.

LO QUE NECESITARÁS DEL INTERIOR

* La capacidad de darle espacio a otra persona y la confianza de que ayudar a otra a brillar, no apaga tu propia llama.

INSTRUCCIONES

1. Toma a tu amiga y encuentra un lugar al aire libre donde sea cómodo sentarse en el suelo. Quitaos los zapatos y sentaos mientras os miráis a los ojos.

2. Imagina algo que te gustaría manifestar esta primavera y pídele a tu amiga que haga lo mismo. Tomaos vuestro tiempo. Sé lo más concreta que puedas: si deseas un aumento, escribe tu objetivo salarial; si buscas un ascenso, ¿cuál sería tu nuevo puesto?; si deseas encontrar el amor, ¿qué cualidades son importantes para ti en una pareja? Si te ayuda, escríbelo.

3. Cuando ambas hayáis terminado, comparte en voz alta tu visión con tu amiga. Aseguráos de mantener el contacto visual mientras habláis, y no lo rompáis. El simple hecho de expresar tu objetivo en voz alta, permitiéndole salir de tu mente, sin importar cuán absurdo pueda parecer, tiene un poder enorme. Cada una tiene su turno.

4. Cuando terminéis, giraos de espaldas y sentaos espalda contra espalda con las piernas dobladas o extendidas, como os resulte más cómodo. Tomaos un minuto para aseguraros de que os sentís seguras en vuestra propia base.

5. En silencio, imaginad que la otra logra el objetivo que ha compartido con pasión. ¿Cómo se vería si lo alcanzara? ¿Qué necesitará para llegar allí desde su punto de partida? Con generosidad, brindaos la energía que necesitáis. Confiad en que daros espacio para que la otra brille no apaga vuestra propia luz.

6. Al mismo tiempo, sentid la energía de la otra. Colocad vuestras espaldas juntas y sentid cómo os apoyáis en vuestros proyectos. Permaneced así el tiempo que deseéis.

7. Después de terminar, anotad cualquier revelación, observación y sentimientos que hayan surgido. Compartidlos siempre y cuando os sintáis cómodas haciéndolo.

Podéis ampliar esta experiencia reuniéndoos en un círculo de mujeres o, incluso, organizando el vuestro. La realidad es que muchas de nuestras pruebas y tribulaciones, incluso las más difíciles, forman parte del viaje del ser humano, aunque suela parecer que las afrontamos solas. Es probable que alguien más haya compartido una experiencia similar a la tuya. Cuando dejamos de sentirnos solas, la carga de nuestros problemas se comparte y se vuelve menos pesada. Ya sea que lo compartas abiertamente o elijas recibir, saldrás del círculo con nuevas perspectivas, diferentes puntos de vista y una sensación de gratitud más profunda.

CÓMO SEGUIR AVANZANDO

Organizar un círculo de mujeres no es lo mismo que una simple reunión con amigas porque implica establecer unas reglas básicas, brinda nuevas perspectivas y te permite ser tu verdadero yo. Aquí no hay compromisos de por medio, ni hay sentimientos heridos que preocupen y tampoco hay expectativas que cumplir. Establecer límites es la clave para que tu círculo tenga éxito. A continuación encontrarás algunos consejos de Paula Mallis, fundadora de WMN Space en Los Ángeles y facilitadora de cientos de círculos de mujeres.

1. **NO NECESITAS UN ALTAR**: en muchos de los círculos de WMN Space se habla de no crear un altar. Si bien un altar es una representación física del círculo uniéndose, en gran parte de la experiencia del círculo no importa si el altar está presente. Un altar es una bonita ofrenda. Podemos tener los aceites.

Podemos tener el altar. Pero esas manifestaciones físicas de cómo comenzamos a crear el círculo en el que nos sentamos no son totalmente necesarias.

2. **LIMPIA EL ESPACIO**: es importante limpiar bien el espacio, ya sea que elijas hacer el círculo en tu casa, alquilar un espacio o hacerlo al aire libre. Antes de que lleguen tus compañeras, limpia el espacio con salvia o palo santo. Al sentarte en círculo, pídeles a todas que vuelvan al momento presente, y que dejen sus listas de tareas y sus problemas en la puerta. Si hay algo en el círculo, en el espacio o en nosotras mismas que no sirve, simplemente lo soltamos.

3. **ELIGE UN PROPÓSITO**: establecer un propósito significa responder a la pregunta: «¿Por qué nos reunimos en este círculo?». Descubrirás que muchas mujeres tienen propósitos similares; los más habituales son la comunidad y la conexión. Tu propósito puede ser cualquier cosa que resuene contigo en ese momento, siempre y cuando sea lo bastante amplio como para abarcar las experiencias de todas. Algunas ideas para empezar podrían ser transiciones, pérdidas, energía o desbloquear la creatividad. Establecer un propósito también ayuda a mantener al grupo enfocado y así evitar que se desvíe del tema. Cuando se establece un propósito, es fácil volver a concentrarse. Además, este ayuda a la facilitadora a estar presente. La forma de darle espacio a aquellas mujeres que desean concebir es distinta a la manera de darle espacio a las mujeres embarazadas, por ejemplo.

4. ESTABLECE REGLAS BÁSICAS: además de establecer intenciones claras, es importante establecer reglas básicas. Aquí tienes algunos ejemplos:

* **NO PIDAS DISCULPAS POR LLORAR**: suele ser nuestra reacción automática pedir disculpas tras emocionarnos, pero en el círculo, el llanto es bienvenido y se aconseja. Dar lugar a las emociones honra el estado emocional de cada una en ese momento. El llanto es una liberación que puede ocasionar que surjan revelaciones y una sensación de purificación e incluso, a veces, ayuda a que la tristeza, la frustración o la ira desaparezcan.

* **NO INTERRUMPIR**: esta es una forma sencilla de asegurarse de que ninguna de las que comparta sea interrumpida o invalidada. Ayuda a que las mujeres se sientan seguras y escuchadas.

* **PIDE A LAS MUJERES QUE ESCUCHEN DESDE EL CORAZÓN Y CON NEUTRALIDAD**: escuchar sin juzgar tus propios pensamientos o los de las mujeres que comparten les da la dignidad de su propio proceso. Cada una está en su propio viaje. Escuchar sin juzgar es una práctica que nos lleva de vuelta al amor, lo que nos permite ser neutrales.

5. DAR ESPACIO A LA COMUNIDAD: en la actualidad, las mujeres quieren trabajar juntas, crear juntas y ser madres juntas, y los círculos de mujeres las ayudan a procesar sus experiencias. La clave es dejar de lado la necesidad de guiar, resolver y dirigir. Dar espacio para que se genere una conexión o, incluso, propiciarla es una forma de hacer crecer la comunidad. No te resistas a esta dinámica.

6. TRATA DE PROGRAMAR TU CÍRCULO DURANTE UNA LUNA NUEVA O LLENA: reunirse durante una luna nueva o llena es realmente poderoso. La luna y el sol son nuestras guías y alinearnos con esas energías crea un poder tangible para la reunión.

PRIMAVERA

He aquí, amigos míos, que ha llegado la primavera; la tierra ha recibido con alegría los abrazos del sol y pronto veremos los frutos de su amor.

— SITTING BULL

AL COMIENZO DE LA PRIMAVERA, EL CLIMA TODAVÍA SE PARECE al del invierno. Según el conocido adagio, se supone que marzo entra como un león y sale como un cordero, pero la primavera rara vez llega sin una picadura. Lleva su tiempo que entre en calor y, muchas veces, nosotras también.

Pero cuando finalmente sucede, es una señal de renovación, renacimiento y nuevos comienzos. Aprovechar la energía de limpieza de la primavera es fundamental cerca del equinoccio o durante él. Es el momento ideal para eliminar cosas innecesarias en tu hogar o espacio de trabajo, en la bandeja de entrada e, incluso, en tus cuentas de redes sociales, para darle espacio a lo que la estación pueda traer. El equinoccio de primavera, al igual que el de otoño, es un momento de transición; es fundamental que te mantengas centrada, sincronizada con la estación y sabedora de que días más alegres y cálidos están por venir.

PRIMAVERA: UNA HISTORIA

En muchas culturas históricas, la primavera marcaba el inicio del nuevo año. En Persia, alrededor del año 500, los ciudadanos celebraban a su líder con opulencia: regalos, poesía, vestidos llamativos, actuaciones callejeras y, sobre todo, rosas[1]. Llamado «Nouruz» en la actualidad, el equinoccio de primavera todavía es celebrado por los iraníes como su año nuevo, pero con actividades mucho menos llamativas que en el pasado.

En la antigua mitología griega, la diosa Deméter gobernaba la fertilidad y la cosecha de la tierra[2]. Según la historia, su hija, Perséfone, fue secuestrada por Hades y llevada al inframundo. Mientras Deméter buscaba incansablemente a su hija, las plantas de la Tierra comenzaron a marchitarse y a morir. Un día, cuando Deméter finalmente encontró a Perséfone, Hades juró liberarla solo si no había comido nada durante su estancia en el inframundo. Por desgracia, Perséfone había comido seis semillas de granada, lo que la ató al inframundo durante seis meses al año. No fue la ausencia de Perséfone lo que provocó los sombríos meses de finales del otoño e inicio del invierno, sino la tristeza de Deméter por la falta de su hija lo que hizo que la Tierra se marchitara hasta la primavera, cuando ella regresaría. Por desgarrador que sea, lo contrario también es cierto: cuando Perséfone regresa a los cielos, el espíritu de la diosa de la cosecha, Deméter, se eleva y lleva consigo la vegetación. Perséfone suele representarse sujetando cereal, lo que es un signo de fertilidad, crecimiento y potencial.

En la Edad Media, la gente veía la llegada de la primavera como una señal para celebrar el regreso de días más largos, clima más cálido y el amor. La Festividad de los Mayos, juegos y festivales que se celebran durante los climas cálidos, eran una forma de encontrar pareja[3].

Las personas venían de todas partes para recibir los rayos especiales de la luz de primavera en la Pirámide del Sol[4] de la antigua ciudad mesoamericana de Teotihuacán. Muchos viajeros creían que vestirse de blanco amplificaba los efectos de la luz primaveral. Al igual que con el inicio de la primavera, la pirámide se consideraba un símbolo de fertilidad.

Por lo tanto, la primavera era un momento para experimentar una renovada unión. A lo largo de la historia y en diversas culturas, el mensaje era más o menos el mismo: las personas celebraban el fin del invierno y la oportunidad de empezar de nuevo.

LA NATURALEZA DE LA ESTACIÓN

Según la Medicina Tradicional China (MTC) y el Ayurveda, la primavera es un momento propicio para hacer limpieza. No sugerimos que te desintoxiques con zumos, pero eliminar el exceso de azúcar y otros alimentos refinados de tu dieta y centrarte en los alimentos integrales y caseros puede ser muy beneficioso para tu cuerpo. Según la MTC, los órganos relacionados con la primavera son el hígado y la vesícula biliar, ambos responsables de eliminar toxinas de nuestro cuerpo. Cuidar a estos órganos gracias al consumo de verduras de hojas verdes, pasto de trigo, brotes y hierbas como el diente de león, la menta y la ortiga te hará sentir ligera y llena de vitalidad durante toda la estación, y así te sacudirás de encima la melancolía y la pesadez del invierno. El Ayurveda propone la «oleación», que implica el uso interno de aceite como el ghee (mantequilla clarificada) y externo como humectante, en una práctica llamada

abhyanga. Se dice que usar ambos en conjunto ayuda a ablandar las toxinas acumuladas y a eliminarlas del cuerpo.

Mientras el suelo se descongela, los resistentes crocus son una de las primeras flores en brotar. Una explosión de flores de cerezo suele coincidir con las primeras semanas de la primavera, seguida por otras flores de árboles que finalmente dan paso a hojas y verdor nuevo. Su florecimiento es una señal para comenzar a plantar otras flores y semillas. La primavera es un buen momento para añadir plantas a tu hogar, comenzar a cuidar de un jardín y, por supuesto, iniciar una purga de todas las cosas que ya no te sirven, desde tu espacio en casa hasta el trabajo, las relaciones personales y los hábitos.

RITUAL PRIMAVERAL MODERNO

Los rituales de primavera modernos en torno a la Pascua cristiana y la Pascua judía están centrados en el crecimiento y la renovación. En el cristianismo, la Pascua conmemora el día en que Jesús resucitó de entre los muertos; en el judaísmo, los judíos ayunan y luego celebran su liberación de la esclavitud egipcia. Si bien ambos son importantes para quienes los celebran, concluyen con un alegre festín o un suspiro de alivio cuando se retoman las rutinas habituales.

En primavera, es posible que nos encontremos con energía extra para gastar a medida que dejamos atrás la lentitud del invierno y comenzamos a liberar lo que nos tenía atrapados. En la escuela, la primavera marca la recta final antes de las vacaciones de verano; en el trabajo, renovamos nuestra pasión por los proyectos, y en casa, empezamos a reorganizar, limpiar y pasar más tiempo al aire libre a medida que abrazamos la transición.

La primavera es un momento para...

* Limpiar tus espacios personales, de trabajo y compartidos, deshacerte de lo que ya no necesitas y dejar espacio para cosas nuevas.

* Elaborar un plan para seguir tus intenciones y cuidarlas como si fueran plantas.

* Empezar a hacer ejercicio y, si lo haces al aire libre, obtienes puntos extra.

* Incorporar más frutas frescas y verduras purificadoras en tu dieta.

* Comenzar nuevos proyectos creativos.

* Colaborar con los demás en lugar de aislarte.

EL EQUINOCCIO DE PRIMAVERA

UN NUEVO COMIENZO

Una de las celebraciones más interesantes del equinoccio de primavera, conocida como «Shunbun No Hi», proviene de Japón[5]. Allí, el equinoccio era un momento en el que las familias visitaban y limpiaban las tumbas de sus seres queridos, así como sus propios hogares. Esto se debía a la creencia budista de que la comunicación con el reino espiritual aumenta cuando el día y la noche tienen la misma duración. Aunque algunas personas todavía siguen esta tradición, el equinoccio también se ha convertido en una festividad nacional en el que la gente celebra en familia la llegada de la primavera y la floreciente *hanami*, la explosión de los cerezos en flor.

En Estados Unidos y China, hoy en día algunas personas intentan poner huevos en posición vertical en superficies planas, con la idea de que la Tierra tiene un ángulo y una fuerza gravitatoria únicos durante el equinoccio. Si bien es un mito, lo cierto es que el huevo es símbolo de la primavera en muchas festividades, especialmente en la Pascua cristiana y en el plato de Séder en la Pascua judía.

UN RITUAL DE BAÑO DE SAL PARA PURIFICARTE

Para prepararte para la estación del crecimiento, es importante dejar atrás la melancolía del invierno. Este ritual de baño de purificación limpiará tu cuerpo a través de uno de tus órganos más extensos: la piel. Te ayudará a deshacerte de las preocupaciones y a hacer espacio para nuevos comienzos esta primavera.

LO QUE NECESITARÁS DEL EXTERIOR

* Una bañera.
* Una lista de reproducción de veinte minutos.
* Sales de baño enriquecidas con magnesio.
* Aceites esenciales de lavanda y árbol de té (opcional).
* Aceite corporal.

LO QUE NECESITARÁS DEL INTERIOR

* El deseo de reflexionar y soltar.

INSTRUCCIONES

1. Cuando hayas llenado la bañera, agrega una o dos tazas de sales de baño enriquecidas con magnesio, dependiendo del tamaño de tu bañera. Luego, añade unas gotas de aceite esencial de lavanda y una o dos gotas de aceite esencial de árbol de té, si deseas un aroma agradable. El aceite de árbol de té es una excelente fragancia para unir la primavera y el invierno. Es fresco y se lo asocia con la temperatura fría propia del invierno, pero también sirve para concentrarse y es muy refrescante y astringente. En combinación con la lavanda, te relaja y despierta al mismo tiempo, para así abrazar la transición del invierno a la primavera.

2. Utiliza tu lista de reproducción de veinte minutos como temporizador y mantén tus dispositivos tecnológicos fuera de tu alcance.

3. Tan pronto como te sumerjas en el agua, cierra los ojos, a menos que tengas miedo de quedarte dormida, en cuyo caso mantenlos entreabiertos.

4. Mientras estás en el baño, recuerda que la sal está trabajando para limpiarte desde fuera hacia dentro debido a su alto contenido en magnesio, un mineral que ayuda a relajar los músculos en tensión. Imagina tres cosas que puedas soltar

esta primavera. ¿Qué sucedería si las dejaras ir? Pueden ser objetos materiales, una autocrítica negativa o relaciones que ya no te benefician. Sé sincera contigo misma.

5. Encuentra la ubicación de esas cosas en tu cuerpo. ¿Sientes que una relación que deseas soltar está provocando tensión alrededor de tu corazón? Respira profundo haciendo foco en esa área. O tal vez sientes que las preocupaciones se acumulan en tus hombros. Envíales tu amor. Repite este proceso para cada cosa que desees soltar.

6. Si te sientes cómoda, quédate en el agua hasta que termine la lista de reproducción. Luego sécate, deja tu piel un poco húmeda y nutre tu cuerpo con un aceite corporal de buena calidad. Relájate mientras lo haces. Siéntete libre de escribir sobre tu experiencia cuando hayas terminado.

Si no tienes bañera, puedes hacer este ritual en la ducha. Coloca algunas gotas de aceite esencial cerca del desagüe y en el otro extremo de la ducha, pero evita la zona donde estás de pie, ya que podrías resbalarte. Antes de enjabonarte y después de enjuagarte, toma las sales de magnesio y aplícalas en tu piel como lo harías con un exfoliante, pero sin frotar demasiado fuerte. Permanece durante unos minutos con la sal en tu piel y el vapor de la ducha a tu alrededor. Siéntete libre de depilarte, lavarte el cabello y seguir con tu rutina de ducha habitual. O, después de tres a cinco minutos de relajación, enjuágate y continúa con normalidad.

CÓMO SEGUIR AVANZANDO

Britta Plug, una esteticista holística y *coach* de salud que reside en Brooklyn, Nueva York, realiza y enseña un suave masaje de drenaje linfático a sus clientes basado en la antigua técnica del *gua sha*. A continuación te da unos consejos sobre cómo incorporar prácticas de desintoxicación y estimulación linfática en tu ritual de baño. Pruébalos la próxima vez que salgas de la bañera.

1. El cepillado en seco estimula el flujo linfático para la desintoxicación interna y comienza a eliminar las células muertas de la piel invernal. Utiliza un cepillo con cerdas de cobre. Comienza en la parte más alejada del corazón (los pies y los tobillos) y avanza  por las piernas, seguidamente por los brazos y luego por el abdomen.
2. En las extremidades, realiza movimientos largos, ligeros y enérgicos hacia el corazón. Repite cada movimiento varias veces.
3. Sobre las articulaciones, haz círculos pequeños y ligeros.
4. En el abdomen, sigue la trayectoria de tu colon para una desintoxicación máxima: desde el punto de la cadera derecha, cepilla hacia la parte inferior de la caja torácica para imitar el colon ascendente. Luego, cepilla a lo largo de la parte superior del abdomen, en la parte inferior de la caja torácica, desde el lado derecho hacia el izquierdo, para seguir el colon transverso. Finalmente, cepilla hacia abajo por el lado izquierdo desde la parte inferior de la caja torácica hasta el punto de la cadera para seguir el colon descendente.

5. La espalda es más difícil de alcanzar, pero es agradable hacer movimientos hacia afuera sobre la parte posterior de los hombros. Sostén el brazo hábil colocando tu mano libre sobre el codo, como en un estiramiento de tríceps. Este movimiento va hacia los ganglios linfáticos ubicados en las axilas. Por último, realiza algunos movimientos hacia abajo y hacia afuera en la parte inferior de la espalda, en dirección a tus caderas.

6. Omite los pechos a menos que tengas un cepillo con cerdas muy suaves. El cuello y el rostro también son zonas muy delicadas para un cepillo corporal.

La primavera es la estación de las alergias por excelencia y los problemas sinusales pueden provocar estancamiento e inflamación en tu rostro, y también que se te hinchen los ojos. Después de cepillar en seco tu cuerpo, utiliza esta técnica de automasaje facial para manipular la fascia, la capa de tejido conectivo que hay justo debajo de la piel, y ayudar así a aliviar la presión sinusal y el malestar provocados por las alergias. Mantén cada punto presionado durante tres respiraciones profundas, inhalando y exhalando.

- ✳ Esquinas internas de las cejas, presiona hacia arriba en el hueso de la ceja.
- ✳ Esquinas exteriores de los ojos.
- ✳ Justo afuera de las fosas nasales.
- ✳ Debajo de los pómulos, presiona hacia arriba sobre el hueso.

LA PRIMERA LUNA NUEVA DE LA PRIMAVERA

ÁBRETE, SÉSAMO

Cualquiera que viva cerca de una masa de agua afectada por las mareas ha experimentado los efectos de la luna. Durante una luna llena o nueva, su atracción gravitatoria es más fuerte, lo que hace que las mareas altas sean aún más altas y las mareas bajas sean aún más bajas. Dado que el cuerpo humano está compuesto en su mayoría de agua (según la NASA, un 70 %), la luna también tendría un efecto en nosotros[6]. Como creyentes en el poder del ritual, movernos con esta energía y no resistirla, incluso si va en contra de lo que deseamos o pensamos que deseamos, es fundamental para obtener conocimientos, superar obstáculos y aprender más sobre nosotras mismas.

Un cielo de luna nueva es un telón de fondo oscuro para pequeñas perlas y, en primavera, estas perlas nos recuerdan a las gotas de rocío de la mañana, un signo de calentamiento desde el interior y de vitalidad. Si el invierno nos recordó que debíamos mirar las estrellas y luego mirar hacia nuestro interior, la primavera es un vistazo hacia el futuro. Los relojes avanzan, los días se alargan y la Tierra responde con su despertar. Esta creciente energía yang, cuando se combina con las energías congruentes de la luna nueva yin, crea un terreno fértil para la preparación, la liberación y el crecimiento.

El yoga, que técnicamente significa «unión de mente y cuerpo» o «cuerpo y respiración», siempre es una práctica de purificación. Mover el cuerpo en todas direcciones te abre como un recipiente listo para recibir. Como dice Nevine Michaan, fundadora del yoga Katonah y terapeuta masajista (y una de las maestras de Lindsay), «el cuerpo no es un templo, es una casa. Vives en una casa, puedes desordenarla e incluso hacer una fiesta en ella, pero luego debes limpiarla». El yoga implica purificar el cuerpo para que podamos acceder a nuestra mente desde un lugar tranquilo y sereno.

UN RITUAL DE YOGA A LA LUZ DE LA LUNA PARA EL CRECIMIENTO

Esta secuencia de yoga comenzará con posturas enraizadas que hacen mucho contacto con la tierra y terminará en una postura de semilla para imitar las fases de la luna.

LO QUE NECESITARÁS DEL EXTERIOR

* Una esterilla de yoga.
* Una ventana sin cortinas ni persianas.
* Varas de palo santo (opcional).

LO QUE NECESITARÁS DEL INTERIOR

✳ El deseo de dejar atrás viejas capas.

INSTRUCCIONES

1. Antes de comenzar el saludo a la luna, coloca tu esterilla frente a una ventana, preferiblemente una desde la cual puedas ver la luna. Si lo deseas, puedes quemar palo santo, una fragancia purificadora.

2. Sigue esta secuencia de posturas:

POSTURA DEL HÉROE. Comienza en la postura del héroe, sentada sobre los talones, con las manos en posición de oración. Inhala y eleva los brazos por encima de la cabeza.

POSTURA DEL NIÑO. Exhala e inclínate hacia delante en la postura del niño, deja caer el cuerpo sobre los muslos y estira los brazos hacia delante, alejándolos de las orejas.

ESTIRAMIENTO HACIA EL LADO DERECHO. Desplaza tus manos hacia la izquierda, extendiendo la cintura del lado derecho. Estira tu mano derecha hacia delante y hacia la derecha tanto como puedas, anclando la cadera izquierda. Realiza algunas respiraciones abdominales mientras tu cuerpo imita la forma de una luna creciente. Regresa al centro.

ESTIRAMIENTO HACIA EL LADO IZQUIERDO. Desplaza tus manos hacia la derecha, extendiendo la cintura del lado izquierdo. Estira tu mano izquierda hacia delante y hacia la izquierda tanto como puedas, anclando la cadera derecha. Realiza algunas respiraciones abdominales mientras tu cuerpo imita la forma de una luna creciente. Regresa al centro.

POSTURA DE LA SEMILLA. Exhala y, en la postura del niño, agárrate los pies con las manos y conéctate con la tierra.

POSTURA DEL HÉROE. Inhala lentamente, regresa a la posición sentada con una vértebra a la vez. Exhala y lleva tus manos al corazón para finalizar el ejercicio. Repite este flujo tantas veces como desees.

CÓMO SEGUIR AVANZANDO

Kumi Sawyers, profesora de yoga, terapeuta de masaje y experta en Ayurveda, comparte unos consejos sobre cómo preparar tu espacio para una práctica de yoga en casa teniendo en cuenta la primavera.

Hacer de tu hogar un lugar sagrado lleva tiempo. Y la primavera, al ser la estación de la limpieza y la renovación, es el momento perfecto para hacerlo. En los primeros días cálidos, es normal sentir el deseo de abrir las ventanas y eliminar la energía estancada del invierno, y así invitar a los vientos del cambio de la primavera. Es hora de guardar las pesadas prendas de invierno y reemplazarlas con ligeras prendas de algodón para el verano. Siguiendo el ejemplo, cambiamos nuestras botas por sandalias y retiramos los edredones de pluma de la cama. Hacemos esto todos los años con los cambios de estación. Convertir estas tareas aparentemente mundanas en rituales llenos de intención y propósito es el ingrediente secreto para convertir tu hogar en un lugar sagrado. A continuación tienes una pequeña limpieza primaveral para el alma:

1. Comienza poniendo música que te anime y te inspire a moverte.
2. Nuestro hogar (nuestro entorno externo) es el reflejo directo de nuestro entorno interno, por lo que primero debemos empezar por hacer una limpieza dentro de nosotras mismas. Empieza por echar un buen vistazo a tu vida. Observa dónde te encuentras y define hacia dónde quieres ir. Establece un propósito que te guíe, no una meta, sino una pauta que te

ayudará a alcanzar tus objetivos. Reúne las herramientas de tu kit de herramientas simbólico que te ayudarán en este proceso y elimina las distracciones. La primavera es un tiempo de cambio, así que deja que suceda.

3. A continuación, deshazte del desorden. Explora tus armarios y cajones. Elimina documentos viejos, ropa que ya no usas, electrodomésticos y cualquier otro objeto que ya no tenga un propósito. Tienes puntos extra si los donas. Todas tus pertenencias deben tener un lugar donde encajen cómodamente dentro de tu hogar, de la misma manera que tus pensamientos y sentimientos encajan cómodamente en tu interior.

4. Crea una solución limpiadora utilizando aceite esencial de limón (un potente antibacteriano y antiséptico) y cedro (un aroma relacionado con el elemento madera, que se asocia con la primavera). Utiliza esta mezcla para limpiar las superficies y limpiar los suelos.

5. Abre las ventanas para permitir que el aire fresco circule.

6. Aprovecha esta oportunidad para conectarte con tu hogar. Conéctate con tus pertenencias y recuerda las historias que tienen que contar. Esto ayudará a darle más vida a tu espacio. Considera reorganizar tus objetos para que te rodees de aquellos que te traen felicidad y buenos recuerdos.

7. Recorre cada habitación de la casa y sahúmalas con palo santo o salvia para eliminar la energía vieja y abrir espacio para lo nuevo.

8. Para finalizar, enciende una vela, cierra los ojos y siéntate en silencio y comodidad en tu nuevo espacio, tanto el que has creado en el exterior como el que estás cultivando en tu interior.

LA PRIMERA LUNA LLENA DE LA PRIMAVERA

MODIFICA TU ALTAR

Los altares representan un símbolo sagrado que ha sido fundamental en rituales y actos de adoración durante miles de años. En el espíritu de la primavera, te invitamos a dejar atrás todas las ideas preconcebidas sobre lo que «debería ser» un altar para dar espacio a lo que realmente necesitas en este momento. (Para obtener más información sobre los antecedentes y conceptos básicos de los altares, consulta la página 81). Para empezar, podríamos decir que un altar es un recordatorio, tanto para ti como para tu subconsciente, de tus intenciones conscientes.

En el contexto de la primavera, la poderosa energía de la luna llena ofrece la oportunidad perfecta para construir una base sólida para un año lleno de intenciones a través de un altar. Al igual que las plantas que emergen de la tierra, desafiando los elementos y superando las inclemencias del tiempo para traer nueva vida al medio ambiente, tomemos ejemplo de la Madre Naturaleza. La primavera es el momento de hacer que tu voz se escuche por los poderes que rigen, incluso si eso significa ir en contra de tus tendencias naturales y salir de tu zona de confort.

UN POSICIONAMIENTO PARA MANIFESTAR

Una forma de conectar con tu poder es renovando tu altar en la primera luna llena de primavera.

Estos elementos básicos de altar para la primavera formarán una rueda medicinal, un tributo a los ciclos de la vida[7]. Las ruedas medicinales reúnen los elementos del agua, el fuego, el aire y la tierra, como recordatorios de la renovación cíclica. Suelen considerarse sagradas en la naturaleza y pueden infundir a tu altar una conexión valiosa con la Madre Naturaleza y las estaciones.

LO QUE NECESITARÁS DEL EXTERIOR

✳ Entre veinte y setenta elementos naturales de diferentes tamaños (los elementos secos durarán más que, por ejemplo, las hojas). Como ejemplos tenemos piñas, hojas, caracolas marinas, rocas, flores secas, plumas o nueces.

   ✳ Siéntete libre de usar una combinación de elementos.

   ✳ Asegúrate de que cuatro de estos elementos sean más grandes que el resto.

✳ Un objeto o un pequeño grupo de objetos que simbolicen algo que deseas manifestar.

✳ Tela, papel o papel de seda verde (de cualquier tonalidad).

LO QUE NECESITARÁS DEL INTERIOR

✳ Paciencia.

✳ Una visión clara de primavera.

✳ Ganas de ponerte manos a la obra.

INSTRUCCIONES

1. Encuentra un lugar para tu rueda medicinal en tu altar o en otro lugar de tu hogar. Si eliges un nuevo espacio para tu altar de rituales o rueda medicinal, intenta colocarlo en la parte este de tu hogar, por donde sale el sol[8]. Si dividieras un día en estaciones, el amanecer sería la primavera.

2. Coloca tu tela o papel verde. El verde es un color que simboliza la fertilidad, haciendo referencia al mar y a la tierra como fuentes de vida[9]. También representa la esperanza, la regeneración, un nuevo ciclo y la suerte.

3. Crea un círculo utilizando los elementos naturales, con los cuatro elementos más grandes indicando a los puntos cardinales: este, oeste, norte y sur, como una brújula. El círculo simboliza el renacimiento y la renovación, y también sigue la forma del sol y la luna[10].

4. Utiliza los elementos naturales restantes para trazar una línea en el centro del círculo. Luego, traza una línea perpendicular para crear cuatro secciones iguales. (Si no tienes suficientes elementos, siéntete libre de omitir este paso y trabajar con un círculo).

5. Coloca el objeto que simboliza tus sueños en el centro. Establece un propósito y aclara tu mente o, incluso, anota en tu diario cómo te gustaría que se manifestara tu sueño. Disfrútalo y, durante unos minutos, imagina que se hace realidad. Se dice que el centro de una rueda medicinal es donde el mundo real y el mundo espiritual pueden comunicarse entre sí. En combinación con una luna llena, este método de visualización es especialmente poderoso.

Utiliza tu altar como un lugar que revisar diaria, semanal o quincenalmente, y así recordar el propósito que estableciste. Una rueda medicinal resulta muy útil si estás de viaje, ya sea para crear una en un inspirador paisaje natural y dejarla allí, o para viajar con tus piedras y configurarla lejos de casa.

CÓMO SEGUIR AVANZANDO

Jenn Tardif, fundadora y creadora de 3rd Ritual, comparte unos consejos sobre cómo preparar tu altar para la primavera. Dado que muchos de los rituales de esta estación incluyen yoga y meditación, te ayudará a crear un altar que te lleve a conseguir una mente tranquila.

Cuando me esforzaba por mantener una práctica diaria de yoga en casa, probé dejar mi esterilla y accesorios siempre listos en un rincón de mi apartamento. Lo que antes era toda una prueba de fuerza de voluntad (o de falta de ella) rápidamente se convirtió en una parte fundamental de mi rutina diaria. Al igual que el cepillo de dientes en el cuarto del baño, la esterilla y los bloques siempre estaban listos y a la espera de ser utilizados. Con los altares sucede lo mismo. Los seres humanos somos criaturas visuales, y tener un espacio sagrado permanente es como construir un umbral para que tu práctica espiritual se desarrolle de la forma que elijas.

Los altares son como copos de nieve, cada uno es único. Es importante que sean tan bonitos como valiosos, no solo como un acto de reverencia por lo divino, sino también por la razón práctica de que tendrás más ganas de sentarte frente a un espacio acogedor.

UN ALTAR PARA LA MEDITACIÓN

OBJETOS SUGERIDOS

* Una estatua que represente tu linaje (como Shiva o Buda).
* Tu herramienta de meditación preferida (como cuentas de un Mala o un reloj de arena).
* Una vela para contemplar la llama.
* Una mezcla de aceites esenciales de vetiver, sándalo, palo santo y lavanda. (Nota: puedes aplicar suavemente la mezcla detrás de las orejas y en las muñecas o simplemente olerla al inicio de tu meditación para fomentar una inhalación profunda).
* Tu piedra favorita (ya sea un cristal, una piedra que hayas recogido en una caminata o una roca de un retiro) para ayudarte a mantener la atención en el momento presente.
* Un instrumento como una campana o campanillas.
* Un objeto que represente tu niña interior.
* Un objeto que represente tu yo futuro.

* Un asiento cómodo que eleve tus caderas por encima de las rodillas, con un cojín suave entre tus pies y el suelo.

Un altar para la primavera

OBJETOS SUGERIDOS

* Un jarrón con flores frescas y de temporada (renuévalas según sea necesario).
* Semillas para simbolizar el crecimiento, la expansión y nuevos comienzos.
* Un espray (como agua de jazmín o rosas) para la purificación.
* Un huevo de jade, que representa la nueva vida.
* Tela con colores y patrones alegres para añadir vitalidad.
* Elementos recolectados de la naturaleza (como caracolas marinas o piedras).
* Un recipiente vacío que simbolice la posibilidad infinita.

Ten en cuenta que la primavera es un momento ideal para incorporar música a tu meditación o probar el canto o el tarareo mientras meditas. (Para obtener más información sobre un ritual de tarareo, consulta la página 273).

DÍA NACIONAL DEL TÉ

(21 DE ABRIL)

LA HORA DEL TÉ

Afrontémoslo: ¡el té a veces tiene mala fama! El café siempre ha sido considerado la bebida más sexi, misteriosa y deseable de las dos, pero el día festivo británico del 21 de abril tiene como objetivo celebrar el consumo de té[11]. Y tiene sentido, ya que los británicos son conocidos por la hora del té, en gran parte gracias a Catalina de Braganza, originaria de Portugal y esposa del rey Carlos II, quien introdujo el té en el país[12]. La tradición de tomar té no se popularizó, sin embargo, hasta la década de 1800, cuando el té se volvió asequible para la población.

La hora del té o «Las Once» ocurre, como podrás imaginar, a las once de la mañana y está destinada a ser un descanso a media mañana con masas secas como galletas y escones[13]. Se la relaciona con la obra de J. R. R. Tolkien porque a los hobbits les encantaba tener cualquier excusa para comer, pero Las Once existían mucho antes. El té de la tarde, por otro lado, se sirve entre las tres y las cuatro de la tarde y al principio fue un ritual que disfrutaba exclusivamente la alta sociedad de Inglaterra. Dado que la realeza solía tomar el té de la tarde en cómodos sillones y sofás, se le llamaba «low tea». El *high tea* se originó entre las clases trabajadoras, que se sentaban a las mesas donde se servía la cena, más altas que las mesitas que usaba la clase alta para su *low tea*. Los trabajadores no tenían el lujo de tomarse un descanso al mediodía, así que tomaban el té con la cena poco después de que terminara la jornada laboral.

Los británicos convirtieron el té en una norma cultural, pero la ceremonia del té está llena de historia y rituales anteriores. Es casi imposible rastrear el origen del té, pero sabemos que se usó con fines medicinales en Shanghái, China, alrededor del 2700 a. C.[14]. Avanzamos rápidamente hasta el presente y el té matcha, uno de los favoritos, que fue popularizado por las antiguas ceremonias del té de Japón, que implicaban una preparación y presentación ritualizada del matcha para el entretenimiento y las reuniones, tanto formales como informales.

UN RITUAL DE TEOMANCIA PARA VISUALIZAR

Beber té siempre ha sido una experiencia ceremonial, ritualizada y de conexión, cualidades que se prestan muy bien a la adivinación. A continuación te presentamos una breve guía sobre cómo leer las hojas de té, una práctica conocida como «teomancia». Aunque los ejercicios predictivos como este pueden parecer abrumadores, te recomendamos que los tomes con un poco de escepticismo. Tú eres la dueña de tu destino, no tu taza de té, pero tal vez esta pueda darte algunas pistas. Al igual que la belleza, tu futuro está en el ojo de quien mira.

LO QUE NECESITARÁS DEL EXTERIOR

* Una taza de té en hojas sueltas.
* Un diario, aunque también puedes utilizar las páginas en blanco que encuentres al comienzo de esta estación.

LO QUE NECESITARÁS DEL INTERIOR

* Una mirada firme hacia el futuro.
* La voluntad de conectarte con tu intuición.

INSTRUCCIONES

1. Prepara una taza de tu té en hojas preferido o alguna de las recetas de Dages Juvelier Keates que se encuentran en la página 171, pero en lugar de usar un colador, déjalas sueltas.

2. Haz que el momento de beber el té sea especial. Ponte cómoda y relájate. Puedes hacerlo mientras lees un libro, escribes en tu diario o charlas con una amiga. Haz lo que desees, siempre y cuando te concentres en el momento presente.

3. Cuando te queden solo unos sorbos, revuelve el agua en la taza unas cuantas veces y bebe el té restante.

4. Haz más remolinos en la taza y luego deja que las hojas se asienten.

5. Comienza a tomar nota de las formas que ves en las hojas y cómo se relacionan con la taza, haciendo referencia a los símbolos abreviados que se encuentran en el recuadro «Significados de las hojas».

6. De acuerdo con tu propia interpretación, escribe lo que ves en tu diario. Asegúrate de anotar la fecha para que puedas volver a esas anotaciones más adelante y ver lo precisas que fueron.

7. Después de probar este ejercicio, ¡ve si alguna amiga está dispuesta a que le leas las hojas de té!

SIGNIFICADOS DE LAS HOJAS

A continuación te presentamos una guía para interpretar los símbolos que puedes encontrar en tu taza de té; está adaptada del texto original «Leyendo las Hojas de Té» escrito por Un Vidente de las Tierras Altas[15].

* ¿Qué formas y símbolos ves en el fondo de la taza? Estos representan el futuro.

* ¿Qué formas y símbolos ves cerca del borde de la taza? Estos indican algo en el futuro cercano.

* Presta atención a la orientación de las formas. ¿Se dirigen hacia algo o se alejan de algo?

* Si ves alguna letra, generalmente representan el nombre de alguien y debes interpretarlas en el contexto de otras señales.

* Del mismo modo, si encuentras números, obsérvalos para definir o añadir contexto a las formas circundantes.

* Examina el patrón general de las hojas. ¿Están agrupadas, definidas y con manchas? Eso sugiere que la taza tiene mucho que decir. ¿Están dispersas y prácticamente no forman ninguna figura? Esto indica que la persona que está bebiendo el té está sobrecargada. ¿Forman líneas onduladas? Estas líneas representan el viaje en el contexto de otros símbolos.

A continuación te proporcionamos una lista (muy resumida) de símbolos comunes en la teomancia:

Ángel: buenas noticias, especialmente en el amor.
Ave volando: un mensaje importante se acerca.
Murciélago: un proyecto o viaje no dará recompensas.
Círculos: dinero o regalos.
Luna creciente: la prosperidad está en camino.
Flores: éxito, una relación feliz o buena fortuna.
Casa: un proyecto exitoso.
Triángulos: enfatizan los símbolos que los rodean, especialmente los de buena suerte.

León: amigos influyentes te ayudarán a tener éxito.

Serpiente: mal augurio.

Unicornio: un escándalo.

Cebra: viaje a tierras lejanas.

CÓMO SEGUIR AVANZANDO

Dages Juvelier Keates, profesora de yoga, creadora de medicinas herbales, guía de meditación y artista, ha compartido tres recetas de té para ayudar a que el cuerpo haga la transición a la estación de la primavera, cada una preparada con información de su maestra y mentora, Robin Rose Bennett.

Hay algunas cosas importantes que debes tener en cuenta al preparar tónicos herbales. Colocar tu frasco de vidrio sobre una tabla de cortar de madera evita que se rompa con el cambio de temperatura. Cuando las hierbas hayan terminado de infusionar, recuerda que es el interior de la planta lo que contiene el valioso tesoro verde. Si prefieres no ensuciarte las manos, forra tu colador con una tela quesera, junta los bordes y exprime tu preparación medicinal de esta manera. Y siempre composta los restos de plantas cuando hayas terminado.

PRINCIPIOS DE LA PRIMAVERA: INFUSIÓN DE ORO VERDE

Las ortigas tienen un gran impacto. Tocarlas es similar a una picadura de abeja, ¡pero beberlas puede hacerte sentir como de la realeza! Estas plantas son estimulantes, muy nutritivas y están cargadas de proteínas, calcio, vitaminas y minerales que aumentan la energía. Las ortigas te ayudarán a superar la melancolía invernal al subirte el ánimo, mejorar el sueño y potenciar los sistemas de tu cuerpo. Si las recolectas en la naturaleza, asegúrate de hacerlo antes de que florezcan y usa guantes para evitar su beso ardiente, que puede irritar la piel.

INGREDIENTES

* Ortigas silvestres secas (consíguelas en tu herbolario más cercano o en la tienda en línea de Mountain Rose Herbs).
* Un frasco de vidrio de un litro.
* Un palillo o cuchara de madera.
* Colador.
* Tela quesera (opcional).
* Hielo, limón y pasta de miso y/o umeboshi (opcional).

INSTRUCCIONES

1. Llena un cuarto del frasco de vidrio con las ortigas secas.
2. Vierte agua hirviendo sobre el material vegetal seco. Revuelve con el palillo o la cuchara de madera y luego llena el frasco con más agua. Cierra bien la tapa.
3. Deja reposar durante ocho horas o toda la noche.
4. Cuela la bebida con el colador, exprime las hierbas con las manos o, si lo prefieres, con la tela quesera.
5. Tu poción, que ahora estará a temperatura ambiente, se puede disfrutar tal como está, con hielo para que se enfríe aún más (¡pruébalo con un poco de limón!), calentarlo para beber un té reconfortante o en forma de caldo salado con un poco de miso y/o pasta de umeboshi.

A tener en cuenta para almacenarlo: debido a su riqueza en proteínas, una infusión de ortigas solo durará dos días en la nevera si está bien cerrada. Puedes alargar su vida congelando la infusión en una cubetera. Añade un cubito a una sopa o dilúyelo con agua caliente para obtener una bebida medicinal nutritiva.

MEDIADOS DE LA PRIMAVERA: INFUSIÓN DE RAÍCES PARA RENOVARSE

Esta infusión es poderosa, ya que hay cuatro hierbas que trabajan en conjunto para desintoxicar el sistema. La bardana limpia la sangre y fortalece el hígado y los riñones. La raíz de diente de león y la violeta son nutritivas y refrescan el hígado, mientras que el trébol rojo es rico en proteínas y contribuye a la digestión.

INGREDIENTES

* 15 g de bardana.
* 15 g de diente de león.
* 15 g de trébol rojo.
* 15 g de violetas.
* Un frasco de vidrio de un litro.
* Un palillo o una cuchara de madera.
* Colador.
* Miel (opcional).
* Tela quesera (opcional).

INSTRUCCIONES

1. Llena un cuarto del frasco de vidrio con la mezcla de hierbas secas.
2. Vierte agua hirviendo sobre el material vegetal seco.
3. Revuelve con el palillo o la cuchara de madera y luego llena el frasco con más agua. Cierra bien la tapa.
4. Deja reposar durante ocho horas o toda la noche.
5. Cuela la bebida con el colador, exprime las hierbas con las manos o, si lo prefieres, con la tela quesera.
6. Composta el material y ¡disfruta de la infusión!

FINALES DE LA PRIMAVERA: MIEL DE FLOR DE VIOLETA OTOÑAL

La vibrante violeta es un encantador presagio de la primavera. Sus flores blancas, azules, moradas y amarillas anuncian un clima más cálido y la belleza de la floración. Suave, refrescante y potente, la violeta estimula el sistema linfático, mantiene la inmunidad y elimina los residuos secos y estancados de nuestro invierno. Resbaladiza, calmante y mucilaginosa, esta aliada trabaja en nuestro sistema digestivo, respiratorio, urinario y nervioso.

INGREDIENTES

* Un frasco limpio, estéril y seco con una tapa hermética.
* Flores de violeta frescas de tu mercado de agricultores más cercano (no las laves, ya que el agua puede hacer que la miel se eche a perder).
* Miel local de calidad.
* Un palillo.

INSTRUCCIONES

1. Llena el frasco limpio con las violetas frescas y secas.
2. Cúbrelas con miel.
3. Usa un palillo para presionarlas hacia el fondo. ¿Ves las burbujas? Sigue presionando y llena la poción con más miel.
4. Cierra el frasco y gíralo boca abajo varias veces. Comprueba si hace falta que vuelvas a rellenarlo.
5. Observa la poción durante los próximos días para ver si necesitas añadir más miel a medida que las flores se asienten.
6. Si puedes, espera de cuatro a seis semanas para obtener el mejor sabor. Si no, ¡disfrútala antes!

DÍA DE LA TIERRA

(22 DE ABRIL)

AMA A TU MADRE

La Madre Tierra, llamada así por los griegos debido a su fertilidad y capacidad para sustentar la vida, es una manifestación expansiva del espíritu femenino. Ella es cambiante y cíclica, pero también increí-

blemente fuerte y decidida. Tanto hombres como mujeres se maravillan con su belleza y le toman fotografías desde todos los ángulos y bajo todas las luces. Algunos han librado guerras en su nombre, mientras que otros han dedicado sus vidas a seguirla por todas partes. Posee picos y valles, costas y desiertos, y todos hemos encontrado un hogar en sus múltiples facetas. Sin embargo, a medida que nos seguimos aprovechando de sus recursos, la Madre Tierra está perdiendo su capacidad de dar.

Hemos descuidado la reciprocidad de esta relación y olvidamos que debemos mostrarle el amor que tan generosamente nos ha brindado. Los recordatorios de la codicia humana están presentes por todas partes: tormentas extremas, incendios forestales y zonas muertas, todo causado por el cambio climático. Hemos contaminado su aire, contaminamos sus aguas y destruimos su grandeza en la búsqueda incesante de algo que nunca encontraremos: la felicidad a través de lo material. La gran ironía radica en que la verdadera alegría proviene de trabajar junto a la Tierra, no en su contra. Surge al disfrutar de los regalos que nos ofrece en lugar de destruirlos para crear los nuestros.

De más está decir que, hoy más que nunca, es crucial establecer conexiones valiosas con la Tierra. Para encontrar inspiración sobre cómo conseguirlo, podemos mirar a aquellos que siempre han vivido en hermosa comunión con nuestro planeta.

Muchas culturas indígenas son guardianes de la Tierra y los nativos americanos representan un ejemplo especialmente conmovedor. Son un pueblo que siempre ha celebrado el espíritu presente en todas las criaturas y venera la naturaleza como un lugar sagrado que nos alimenta. Lucharon por proteger sus tierras de los recién llegados y sus advertencias siguen hoy en día inspirando y revitalizando el movimiento ambientalista.

«Solo cuando el último árbol haya perecido, el último río haya sido envenenado y el último pez haya sido atrapado, nos daremos cuenta de que el dinero no se puede comer»[16], reza un proverbio nativo.

UN RITUAL CON CRISTALES PARA ENRAIZAR

El primer Día de la Tierra, en 1970, movilizó a veinte millones de estadounidenses en las calles para protestar contra la contaminación ambiental. Hoy en día, casi doscientos países se han unido a la llamada de atención y el día se ha convertido en una ocasión para proteger la magnificencia de la naturaleza a nivel global. Si bien creemos que todos los días deberían ser el Día de la Tierra, aprovechemos esta festividad para renovar nuestro compromiso con el planeta. Este rápido ritual nos servirá como un recordatorio de todo lo que la Tierra nos ha dado y de todo lo que podemos devolverle.

LO QUE NECESITARÁS DEL EXTERIOR

* Un cristal del que no te moleste desprenderte.

LO QUE NECESITARÁS DEL INTERIOR

* Recuerdos de tus días más gratos admirando a la Madre Naturaleza.

INSTRUCCIONES

1. Dirígete a algún lugar de la naturaleza con el cristal en la mano. Quítate los zapatos y siente la tierra bajo tus pies. Se ha demostrado que la conexión corporal con la tierra ayuda a que nuestro cuerpo funcione de manera óptima[17]. Después de todo, la naturaleza es el lugar donde siempre estamos en casa.

2. Sujeta el cristal con las dos manos y respira profundamente. Durante los próximos instantes, visualiza algunos de tus recuerdos favoritos de estar al aire libre, comenzando desde la infancia, como si estuvieras reproduciendo la película de tu vida. Siente la firmeza de la Tierra y aprieta el cristal al mismo tiempo, diciendo: «La Tierra me sostiene y yo sostengo a la Tierra», al final de cada recuerdo. Al igual que las tribus nativas norteamericanas practican sus rituales en torno a la gratitud por el mundo que les rodea, da gracias por todo lo que te ha brindado. Continúa con el ejercicio hasta llegar al presente.

3. Dedica un último minuto a visualizar todos esos recuerdos terrenales fluyendo desde el suelo, a través de tu cuerpo y hacia el cristal de tu mano. Cuando hayas «programado» tu cristal, haz un agujero en la tierra y déjalo ahí como una ofrenda a la tierra de la cual provino.

4. Luego, da las gracias a la Madre Naturaleza por sus ofrendas de una manera práctica. Recoge cualquier basura que veas en tu camino de regreso a casa o dona a una organización medioambiental cuando vuelvas a tu ordenador. La gratitud por la naturaleza ya no es suficiente; debe ir seguida de acción.

CÓMO SEGUIR AVANZANDO

A continuación verás algunas ideas para convertir la protección de la Tierra en un ritual a largo plazo.

* **USA EL DINERO A CONCIENCIA**: al final de la semana, revive tu infancia y deposita cualquier cambio suelto o billete que tengas en un frasco o cuenco. En lugar de gastar este dinero en cosas materiales, se lo devolverás a la tierra. Cuando el recipiente esté lleno, haz una donación a una de las increíbles organizaciones que luchan por el futuro de nuestro planeta.

* **ESCRIBE PARA EL CAMBIO**: canaliza algunos de los recuerdos que tuviste en el ritual del Día de la Tierra en una carta dirigida a tu representante gubernamental local donde le expliques por qué la protección del medio ambiente significa tanto para ti. Al menos en Estados Unidos, con estas anécdotas personales tienes muchas más probabilidades de que lean tu carta. Cada vez que te sientas inspirada, ya sea por la belleza del mundo natural o por un ataque contra él, escribe una carta. Es una de las formas más rápidas y fáciles de hacerte oír.

* **HAZ UNA FOTOGRAFÍA**: tu cámara (o iPhone, si se utiliza correctamente) puede ser el recordatorio definitivo para que te mantengas presente. Todos los días durante al menos un mes, toma una fotografía al aire libre. No hace falta capturar una vista panorámica o un arcoíris; vale cualquier elemento de la naturaleza que te haya hecho detenerte en seco: una rama, los primeros brotes de flores, una formación de nubes... Lo importante es bajar el ritmo y permitir que tu entorno te inspire todos los días.

LA FESTIVIDAD DE LOS MAYOS

(1.° DE MAYO)

SOBRENATURAL

La Festividad de los Mayos siempre ha sido una celebración de la llegada de la primavera[18]. A finales del siglo xix y principios del xx, la gente solía reunir flores, dulces y otros pequeños regalos en una cesta de papel hecha a mano para alguien a quien admiraban. Llegado el 1.° de mayo, se acercaban sigilosamente a su puerta, colgaban la cesta en el picaporte, tocaban el timbre y se escapaban corriendo. Era una oportunidad para que los jóvenes expresaran su amor y, si tenían suerte, sentir que ese amor era correspondido.

Otra tradición de la Festividad de los Mayos es la hermosa danza del palo de mayo. Un poste de madera con cintas colgando desde la parte superior se utilizaba en ceremonias por los europeos germánicos en la época medieval[19]. Las personas que participaban en la danza del palo de mayo tomaban una cinta y caminaban alrededor del poste; al hacerlo, creaban una decoración en espiral. Se dice que estas modernas interpretaciones de la Festividad de los Mayos tienen su origen en Beltane, una festividad germánica, o en la Noche de Walpurgis, una celebración pagana, antes de que perdieran sus connotaciones religiosas.

La Festividad de los Mayos también se ha relacionado con el socialismo y el comunismo, ya que se le ha considerado el Día Internacional del Trabajo, pero esa es una historia que dejaremos para otro momento[20].

UN RITUAL BOTÁNICO PARA RECARGAR ENERGÍAS

Para rendir homenaje a las tradiciones de la Festividad de los Mayos de tiempos pasados, recoge y arregla flores silvestres, incluso si lo único que encuentras son ramitas secas de árboles. Cada vez que mires tu arreglo, te recordará la belleza que nos brinda la naturaleza.

LO QUE NECESITARÁS DEL EXTERIOR

* Zapatos cómodos para caminar.
* Tijeras.
* Un recipiente para las flores.

LO QUE NECESITARÁS DEL INTERIOR

* Aprecio por la belleza en lo cotidiano.

INSTRUCCIONES

1. Busca un lugar donde encuentres varias especies de plantas. Puede ser tu propio jardín o un parque cercano, pero asegúrate de tener permiso para recogerlas.
2. ¡Evita el contacto con la hiedra venenosa y el zumaque venenoso! Antes de salir, familiarízate con su aspecto. Ya conoces la regla: «Hojas de tres, déjalas ser».
3. Toma una bolsa de tela, unos guantes y unas tijeras.
4. Sin ninguna idea preconcebida de cómo quieres que sea tu arreglo, sal a caminar y observa lo que encuentras.
5. Si el clima lo permite, camina un rato para darte la oportunidad de apreciar de cerca la belleza de lo que normalmente

pasarías por alto. Comienza a recolectar las plantas que te llamen la atención.

6. Detente y huele las rosas. Pasa unos minutos en cada pequeño rincón de la naturaleza y presta atención a tus sentidos: ¿cómo huele, suena, se siente y se ve? Si lo deseas, haz algunas fotos para inspirarte a la hora de arreglarlas.

7. Cuando hayas recolectado lo suficiente, regresa a casa y saca el florero o recipiente y llénalo con agua hasta la mitad. Comienza a cortar los tallos, recortar las ramitas y acomodar las plantas. En lugar de tratar de forzar la belleza, deja que los objetos brillen por lo que son.

ENARBOLA LA BANDERA DE LA AUTENTICIDAD

En lugar de perseguir el ramo «perfecto» de flores, puedes inspirarte en el ikebana, el arte japonés de la disposición floral que valora la asimetría y el minimalismo[21]. Es una alegre celebración de los elementos naturales en su estado más puro, sin intentar encerrarlos en un paquete ordenado. A continuación te ofrecemos algunas ideas a tener en cuenta mientras creas tu obra.

* Piensa en cómo ocupa espacio tu arreglo, tanto vertical como horizontalmente. ¿Prefieres que crezca hacia arriba o hacia los lados?

* Si no encuentras muchas flores, deja que otros elementos se conviertan en los protagonistas. Prueba mezclando tus flores con ramas y hojas marchitas.

* Si quieres llevarlo aún más lejos, corta un bloque de espuma de un tamaño que quepa en el recipiente. Inserta los tallos en él y oriéntalos en diferentes ángulos, creando así una especie de instalación de arte abstracto.

* En el ikebana se valora el aspecto espiritual y consciente de la disposición floral. Desafíate a vivir el momento y a encontrar la grandeza en cada detalle mientras agregas elementos a tu exhibición.

CÓMO SEGUIR AVANZANDO

A continuación, la herborista y experta en belleza natural Jessa Blades comparte cómo aprovechar el poder de las esencias florales en primavera. (Para un repaso sobre estas esencias, ve a la página 128).

A medida que la primavera despierta a la Tierra, lo único que tenemos que hacer es observar a las plantas para inspirarnos. Las esencias florales son una manera de conectarnos con la tierra y sentirnos enraizados después del reposo acogedor del invierno. Las flores son muy versátiles. Puedes incorporarlas en alimentos o bebidas, usarlas secas en tés o mieles, o incluirlas en tus rituales de autocuidado.

Ingerir o crear esencias florales a partir de plantas primaverales es una hermosa forma de interactuar con una sutil forma de medicina energética que puede tener efectos profundamente poderosos y transformadores. A continuación te presentamos algunas de las mejores esencias florales para la primavera: el cerezo en flor y el crocus.

1. **ESENCIA DE CEREZO EN FLOR**: la esencia de cerezo en flor es dulce y promueve la alegría de vivir, y así te ayuda a abrir tu

corazón a la inocencia y el asombro. Se dice que ayuda a liberarte de las dudas, la negatividad y lo que ya no te sirve, lo cual te permite comenzar de nuevo. Te permite ver el vasto potencial en toda la belleza que te rodea, lo que la convierte en una excelente esencia para tus rituales de manifestación en primavera.

2. ESENCIA DE CROCUS: el crocus aparece cerca del primer deshielo y, a veces, incluso brota a través de la nieve. Esta esencia es excelente para mover la energía que está rígida o bloqueada. Utiliza el crocus para que te ayude en aquellas áreas de tu vida que necesitan renovación u otro enfoque. Deja que te ayude a sobrellevar los cambios y que te muestre cómo abrirte a la abundancia.

A pesar de que las flores suelen tener fragancia cuando son cosechadas, sus esencias no tienen olor y apenas sabor, y suelen ser seguras para niños y mascotas (a menos que tengan algún tipo de alergia). Recomiendo una dosis de una a cuatro gotas hasta cuatro veces al día, directamente en la lengua o en el agua. Otra opción es usar la esencia para hacerte masajes en las muñecas o sobre el corazón.

DÍA MUNDIAL LA RISA

(PRIMER DOMINGO DE MAYO)

LIBÉRATE

El Día Mundial de la Risa, que se celebra el primer domingo de mayo, promueve la idea de reír simplemente porque sienta bien. Rinde homenaje a un movimiento iniciado en 1998 por el Dr. Madan Kataria, conocido como «El gurú de la risa», que buscaba concienciar sobre los beneficios de la risa en la salud[22]. El Dr. Kataria es también el creador del yoga de la risa (así como suena), que ha beneficiado a cientos de miles de personas en todo el mundo. Además de dirigir un *ashram* basado en este tipo de yoga, entrena a otros profesores para que puedan fundar «clubes de la risa»: encuentros donde la gente se reúne para reír, relajarse y pasar un buen rato.

Aunque no hay demasiadas evidencias al respecto, la risa terapéutica resulta prometedora. La risa, al igual que la sonrisa, es una de las expresiones de emoción más comprendidas universalmente. Se ha demostrado que fortalece las conexiones humanas[23] y reduce la ansiedad, la depresión y el estrés en pacientes con cáncer de mama[24], así como disminuye los niveles de azúcar[25] en sangre y la presión arterial[26]. Aunque los médicos aún no han descubierto exactamente por qué, existen algunas teorías: la risa aumenta los neurotransmisores que mejoran el estado de ánimo y eleva los niveles de óxido nítrico en las paredes de las arterias (lo que ayuda con la presión arterial), o tal vez sea porque involucra el diafragma y los músculos circundantes, lo que podría contribuir a regular las hormonas del estrés.

Así que no lo dudes: ríete todo lo que puedas.

UN RITUAL DE RESPIRACIÓN DIAFRAGMÁTICA PARA LIBERARTE

Además de reír regularmente, involucrar tu diafragma a través de la respiración puede ayudarte a liberar la tensión del cuerpo. Puedes utilizar los siguientes ejercicios de respiración para potenciar otros rituales de primavera, especialmente cuando te sientes bloqueada. También te ayudarán a identificar si tienes lo que se conoce como «respiración paradójica», que puede provocar ansiedad, y te guiarán para solucionarlo.

LO QUE NECESITARÁS DEL EXTERIOR

* Una esterilla de yoga, una alfombra o una manta para que te sientas cómoda en el suelo.

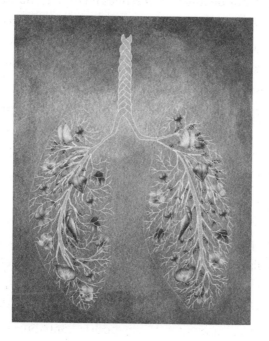

LO QUE NECESITARÁS DEL INTERIOR

* Concentración absoluta y enfoque. No es tarea fácil, pero te acostumbrarás.

INSTRUCCIONES

1. Recuéstate sobre tu esterilla de yoga, alfombra o manta y respira normalmente. Puedes estirar las piernas (la posición ideal, ya que estira ligeramente tu psoas) o mantenerlas dobladas; lo que sea más cómodo para tu espalda.

2. Observa mientras inhalas si se eleva tu pecho o tu abdomen. Si al inhalar notas que tu pecho se eleva, tienes un patrón de respiración paradójica. Esto quiere decir que estás respirando superficialmente y no estás utilizando bien tu diafragma. Con el tiempo, este tipo de respiración puede provocar ansiedad y estrés.

3. Inhala por la nariz y exhala por la boca. Ahora, al inhalar, hincha tu abdomen como si fuera un globo. Puede parecerte extraño si no estás acostumbrada. Hazlo lentamente e inhala en tres tiempos; luego exhala al mismo ritmo.

4. Después de unas cuantas respiraciones abdominales, comienza a implicar más a tus pulmones. Tras hinchar tu abdomen, lleva la respiración lentamente hacia tus costillas, permitiendo que se abran. Después de abrir el torso, lleva la respiración hacia arriba, hasta la clavícula. Al exhalar, deja que todo el aire salga de ti.

5. Continúa así, inhalando para que un latido llegue hasta tu abdomen, otro latido abra tus costillas y otro llene tus pulmones. Deja que la exhalación fluya libremente. Haz esto de tres a cinco veces.

6. Si comienzas a sentir un ligero hormigueo, es normal. Estás dándole a tu cuerpo una buena dosis de oxígeno. Aunque si te sientes incómoda en algún momento, siéntete libre de volver a tu respiración normal.

7. Vuelve a tu respiración normal durante un minuto y siente cómo pudiste cambiar tu propia energía simplemente respirando de manera diferente.

8. Cuando te sientas lista, gira lentamente hacia tu lado derecho. Tómate tu tiempo al levantarte para sentarte. Como siempre, toma notas sobre cualquier pensamiento o sensación que experimentes, o describe tu experiencia en tu diario si crees que es apropiado.

CÓMO SEGUIR AVANZANDO

Ramesh Tarun Narine, terapeuta craneosacral, masajista, guía de meditación y profesor de yoga, ha perfeccionado su enfoque de sanación en el arte de interpretar el sistema nervioso. En esta ocasión, comparte una práctica que puedes realizar en casa para mejorar el tono del nervio vago. Practicar ejercicios de respiración y movimientos activos pero restauradores te permite involucrarte en la regulación de la respuesta al estrés corporal.

Estas sencillas técnicas te ayudarán a tomar conciencia de cómo fluye tu respiración. Pueden ayudarte a cultivar una conexión más consciente con la respiración, una que sea fluida, armoniosa y rítmica. Si sientes la necesidad de jadear por aire en cualquiera de ellas, significa que te has excedido.

MAKRASANA

También se la conoce como la «postura del cocodrilo». Es necesario que te mantengas en ella durante, al menos, cinco minutos.

1. Comienza recostándote boca abajo, con las piernas extendidas y más abiertas que la anchura de las caderas, con los dedos de los pies apuntando hacia fuera.
2. Cruza los brazos sobre tu cabeza de modo que el pecho no toque el suelo y coloca las manos sobre tus bíceps.
3. Coloca la frente cómodamente sobre tus antebrazos.
4. Dirige tu atención hacia el abdomen.

5. Observa la respiración abdominal y la respiración diafragmática.

6. Cuando inhales, siente cómo se expande tu abdomen contra el suelo. Observa cómo se expande tu caja torácica inferior.

7. Busca un movimiento suave y continuo en tu diafragma, sin interrupciones.

8. Al exhalar, relaja los músculos abdominales. Este movimiento debe realizarse sin esfuerzo.

9. Presta atención a cualquier cambio en tu nivel de relajación.

10. Para salir de la postura, inhala y junta las piernas, y gira la mejilla derecha hacia el suelo mientras estiras los brazos por encima de tu cabeza. Respira profundamente por unos instantes. Luego, coloca los brazos junto a tu cuerpo mientras giras la mejilla izquierda hacia el suelo. Respira. Finalmente, gira hacia tu espalda y haz algunas respiraciones en savasana o en otra postura de descanso final que prefieras.

RESPIRACIÓN 1:1 Y 1:2

Este ejercicio es excelente para practicar a lo largo del tiempo y experimentar con diferentes duraciones y proporciones.

1. Comienza con una proporción sencilla de 1:1. Haz una inhalación de cuatro tiempos y una exhalación de cuatro tiempos, permitiendo que se expanda tu abdomen, tu caja torácica y tu clavícula, tal como lo hiciste en el ritual de Makrasana.

2. Puedes empezar a aumentar los tiempos o mantenerlos en cuatro si eres nueva con esta práctica. Si decides aumentar, comienza con un incremento pequeño que puedas mantener durante cinco minutos. Cuando te sientas cómoda, incrementa los tiempos a cinco, a seis, a siete. Esto puede llevar tiempo; no sucede necesariamente en una sola sesión.

3. Cuando te sientas segura haciendo esto, prueba con una proporción de 1:2. Esta implica hacer una inhalación de cuatro

tiempos y una exhalación de ocho tiempos. Puedes fruncir los labios ligeramente para crear una pequeña resistencia, lo que favorecerá la exhalación prolongada. Haz esto durante dos o tres minutos para estimular el diafragma. Si estás embarazada, te recomiendo mantener la respiración en proporción 1:1.

PIERNAS EN LA PARED

El 60 % del suministro de sangre del cuerpo se encuentra en las piernas, por lo que siempre que puedas aprovechar la gravedad para ayudar a tu corazón en ese proceso, te rejuvenecerá. Esta postura pasiva debe realizarse con total facilidad cuando te familiarices con ella.

1. Con algunas mantas dobladas colocadas junto a una pared, comienza acostada del lado derecho en posición fetal, asegurándote de no ejercer presión en la zona del corazón. Coloca la cola hacia la pared y la cabeza alejada de esta. Luego, sitúa los huesos isquiones, la parte ósea de tus glúteos, contra la pared, justo al lado de las mantas, y gira sobre tu espalda, elevando el trasero para que descanse sobre el apoyo.
2. Estira las piernas en dirección a la pared y coloca una mano en tu pecho y la otra en tu abdomen. Observa cómo se eleva tu abdomen y desciende mientras tu pecho permanece quieto. Mantén la atención en el abdomen y respira con el diafragma.
3. Para salir de la postura, sigue los mismos pasos en el orden inverso.

Practicar estas sencillas habilidades por separado o en cualquier secuencia te ayudará a desarrollar una mayor conciencia de tu respiración y del tono vagal. Recuerda consultar con un profesional de la salud, especialmente si padeces presión arterial alta o baja, antes de incorporar estos ejercicios a tu rutina.

DÍA DE LA MADRE

(SEGUNDO DOMINGO DE MAYO)

GESTAR PARA CRECER

La historia del Día de la Madre comenzó en el siglo xix, antes de la Guerra de la Independencia de Estados Unidos[27]. Una mujer llamada Ann Reeves Jarvis, originaria de Virginia Occidental, organizaba clubes de madres para enseñar a las mujeres locales a cuidar mejor de sus hijos. Cuando comenzó la guerra, animó a las madres de familias tanto confederadas como de la Unión a relacionarse entre sí, para promover la paz entre los antiguos soldados, sus hijos y ellas mismas. Continuó promoviendo la paz y las relaciones saludables entre madres e hijos, y su última voluntad fue que el Día de la Madre se convirtiera en una conmemoración oficial para ellas.

Aunque no está claro si Ann deseó que ese día sirviera para honrar a la propia madre o a todas las madres, su hija Anna hizo su misión que el día se convirtiera en oficial. Y lo logró. Le llevó varios años, cientos de cartas a representantes gubernamentales y campañas, pero finalmente el presidente Woodrow Wilson firmó un proyecto de ley que lo convirtió en un día festivo en 1914. Para ese momento, varios estados ya lo estaban celebrando.

Desafortunadamente, lo que debería haber sido una victoria para Anna terminó volviéndose en su contra. Había imaginado el Día de la Madre como un día especial en el que los hijos honraban a sus madres con gratitud, pero pronto las compañías de tarjetas de felicitación y floristerías comenzaron a lucrarse con su obra de toda la vida. Esto terminó afectando su salud, así como su bienestar emocional y físico, y la agotó hasta que falleció en 1948. Es una historia bastante triste, pero revivir la idea original del Día de la Madre, apreciar a la mujer y a las mujeres que te cuidaron, sin preocuparse por regalos materiales, habría hecho sentir orgullosa a Anna.

RITUAL DE LA MATRIZ AL AMANECER PARA LA CREATIVIDAD

Este ritual del Día de la Madre implica celebrar a la madre divina que reside en todos nosotros, con independencia de nuestro género. Nos sumergiremos en el poder silencioso del amanecer y el nacimiento de un nuevo día para sintonizar con nuestro cuerpo y desvelar nuestras verdades, y también cómo nos ponemos obstáculos a nosotras mismas. Todas somos madres de nuestros propios proyectos, ideas y sueños. Mientras nos dirigimos hacia la vibrante estación del verano, identifiquemos cuáles son esos proyectos e ideas para ti y cómo puedes darles vida.

LO QUE NECESITARÁS DEL EXTERIOR

* Ropa abrigada si el clima lo requiere.
* Un despertador.
* Una bebida matutina.
* Un bolígrafo.
* Tu diario.

LO QUE NECESITARÁS DEL INTERIOR

* Sensibilidad.
* Un sentido de cuidado.

INSTRUCCIONES

1. Programa tu despertador para que suene media hora antes del amanecer; así, estarás cerca del momento en que amanece cuando despiertes. Puedes quedarte en casa o dirigirte a algún lugar con vistas panorámicas, pero asegúrate de estar atenta a tu entorno.

2. Acomódate en tu espacio y contempla los colores que tiñen la alborada. Recuerda que incluso dentro de cada día hay estaciones y que la primavera es como el amanecer.

3. Observa los colores del cielo y recuerda la última vez que viste salir el sol. ¿Cómo de diferente es hoy tu vida? ¿En qué te gustaría que fuera diferente? Dirige tu atención hacia el espacio del útero. Este se encuentra en tu abdomen, debajo de tu diafragma y encima de tus órganos sexuales. Cuando creamos con autenticidad, lo hacemos desde este espacio.

4. Escucha. ¿Qué está sucediendo en el fondo de tu vientre? ¿Hay deseos reprimidos que aún están gestándose? ¿Sientes una gran conexión con una persona, lugar o cosa? Respira y observa.

5. Ahora, piensa en el milagro que eres tú. Piensa en tu madre, y en la madre de tu madre, y en la madre de la madre de tu madre, y así sucesivamente. Reconoce la creación, no solo la concepción, el embarazo y el parto, sino también el trabajo que ha dejado su huella en ti.

6. Eres parte de este milagro. Pero también eres como una madre para tus propias ideas, proyectos y creatividad. Explora qué te impide crear lo que deseas, qué te impide crear en absoluto y qué te motiva a crear.

7. A medida que el sol continúa saliendo, anota cualquier cosa que surja. Conéctate con la energía de tus antepasados para que te ayude a crear. Escribir es una forma de expresar el poder, los deseos y la energía de la madre divina que llevas dentro. Lo que quede en la página no tiene por qué tener sentido para que el ejercicio sea efectivo.

8. Es normal llorar, liberar emociones o sentir cosas que no sean positivas necesariamente cuando estás en un espacio uterino explorando bloqueos. Es posible que ni siquiera comprendas tus emociones ¡y está bien! Simplemente déjalas fluir, anótalas

y asegúrate de experimentarlas. Al darle espacio a esta energía, permitimos que fluya a través de nosotras y liberamos nuestros bloqueos. En última instancia, estas experiencias nos brindan información valiosa y una idea sobre cómo avanzar con proyectos, relaciones y nuestro viaje vital en general.

CÓMO SEGUIR AVANZANDO

Natalia Hailes y Ashley Spivak, doulas, educadoras en salud reproductiva y fundadoras de Brilliant Bodies y CYCLES + SEX, nos ofrecen una manera más física de conectarnos con nuestro espacio del útero: el método de conciencia de la fertilidad.

Este método se sumerge en la magia del cuerpo femenino y explora cómo cambia a lo largo de sus ciclos.

Reinventar la relación con nuestro cuerpo al aprender los ritmos de nuestro ciclo menstrual puede inspirarnos y empoderarnos. Existe un gran poder en comprender cómo funciona nuestro cuerpo, cómo puede relacionarse nuestro estado emocional con los cambios en nuestro ciclo (por qué en ocasiones sentimos la necesidad de ser muy sociables y en otras preferimos quedarnos en casa bajo las sábanas) y cómo utilizar todas estas señales en nuestro beneficio para reconectar con nuestro cuerpo.

Comienza con un diario de ciclo, siguiendo los principios del Método de Conciencia de la Fertilidad. Así es como puedes convertirlo en un ritual diario de autoexploración:

Empieza registrando las siguientes categorías: temperatura, flujo cervical, estado de la piel (por ejemplo, brotes, claridad, sensibilidad), estado del estómago (por ejemplo, digestión), cuello uterino, flujo sanguíneo, estado emocional y otros.

1. Cuando despiertes por la mañana, resiste la tentación de levantarte inmediatamente o de mirar tu teléfono. En lugar de eso, tómate la temperatura (oralmente) y anótala.

2. Cuando estés lista para tu primer pis matutino, lávate las manos y comprueba la calidad de tu flujo cervical introduciendo los dedos y observando lo que sale. ¿Es pegajoso, cremoso, pastoso, lechoso, líquido o elástico cuando lo estiras entre tus dedos? Anótalo. Si estás menstruando, toma nota de la calidad y el color de la sangre. ¿Es marrón, rosa claro, rojo brillante? ¿Es líquida, espesa o con grumos?

3. Antes de salir de la ducha, agáchate y localiza tu cuello uterino. ¿Se siente más abierto o cerrado? ¿Suave o duro? ¿Está más cerca o es más difícil de alcanzar? Anótalo.

4. Encuentra, al menos, otros dos momentos durante el día en los que puedas comprobar tu estado físico y emocional, e incluso tu flujo cervical o sangre, si estás ovulando. Anota si te

sientes especialmente estresada, hambrienta, si experimentas dolor en una zona concreta o si te sientes triste, inspirada, sociable, hinchada, con cólicos o brotes, etc.

Registra todo. Hacer este seguimiento durante unos meses puede proporcionarte pistas sobre lo que te afecta, ya sean problemas en la piel, dolores de cabeza, crisis emocionales, problemas digestivos o fatiga. A medida que tomas nota de estos cambios diarios, comprenderás mejor cómo funciona tu ciclo y los patrones que pueden surgir. Lleva esta información a tu médico si estás investigando tu salud. Si deseas practicar el Método de Conciencia de la Fertilidad para concebir o evitar el embarazo, te recomendamos trabajar con un profesional que te ayude a comprender mejor cómo funciona y lo que significa cada señal.

VERANO

Me sumerjo en la paz de las cosas salvajes que no
abruman su vida anticipándose al dolor...
Descanso en la gracia del mundo y soy libre.

— WENDELL BERRY

EL VERANO LLEGA EN EL MOMENTO JUSTO. TRAS MESES DE hibernación y regeneración, el regreso de esta estación nos recuerda admirar todo lo que hemos estado tan ocupados sembrando. El verano es el apogeo ardiente del ciclo del año, un período definido por la energía y el exceso. La escuela terminó, las vacaciones llegaron y los horarios se flexibilizan mientras nos apresuramos a salir para disfrutar del calor que creíamos haber perdido. Dejamos atrás la existencia más solitaria para dar lugar a la social, y el murmullo y la risa se convierten en la banda sonora de los meses que vivimos en colores vibrantes. Mientras que el comienzo de las estaciones pasadas parecía adentrarse en un cielo encapotado, esto se asemeja más a danzar hacia la luz.

VERANO: UNA HISTORIA

Al igual que hicieron con el solsticio de invierno, nuestros antepasados celebraban el solsticio de verano con espectáculos. Las tribus nativas norteamericanas lo recibían con una sagrada danza al sol que se transmitía de generación en generación. En Escandinavia, el solsticio de verano era la ocasión para deleitarse con la nueva abundancia, abrazar la naturaleza con coronas y ramos florales, y, a veces, dar una vuelta más alrededor del palo de mayo de la primavera. En el resto de Europa y América, las hogueras iluminaban el crepúsculo mientras la gente se lanzaba a recolectar las hierbas medicinales que se creía que estaban en su máximo potencial en esta época del año. La leyenda cuenta que, con la llegada del verano, también aparecían espíritus mágicos, como demuestran las traviesas hadas en *El sueño de una noche de verano* de Shakespeare.

Cuando la alegría y la magia inicial se disipaban, el verano se convertía en un tiempo de trabajo, así como de diversión. En las sociedades agrarias, significaba largos días sudando en el campo recogiendo cosechas. Poéticamente, el mundo natural que nos rodea también

 necesita esforzarse un poco más durante la estación. En los meses pico del verano, las abejas vuelan lejos para recolectar polen y néctar de las flores, que también están trabajando para florecer con el rayo del sol. Pero con este trabajo llegaba el respiro. Las cacerías medievales de verano eran seguidas por festines en los bosques, el preludio de lo que ahora llamamos «pícnic», y los primeros Juegos Olímpicos modernos en la Atenas del siglo XIX combinaban hazañas atléticas con celebraciones de tribus y naciones. No es de extrañar

que la palabra «summer» («verano» en inglés) tenga como raíz «sem», que significa «unidos como uno solo».

LA IMPORTANCIA DE LA ESTACIÓN

El sistema chino de los cinco elementos divide el verano en dos partes[1]. El comienzo del verano asume el elemento fuego, con su pasión, intensidad y fricción. Aunque resulta cautivador, este fuego puede perder el control si no somos cuidadosas, al igual que quemar la vela por ambos extremos se convierte en una posibilidad muy real en esta estación llena de actividades. Por otro lado, el final del verano se asocia con el elemento tierra, que nos hace asentarnos, enraizarnos y reconectar con nuestras raíces como una forma de prepararnos para el otoño. Es un momento para volver a la realidad después de un período de mirar hacia fuera y hacia arriba.

El verano es el yang del yin del invierno, lleno de energía masculina y constante. La medicina oriental advierte que necesitamos mantener un poco de la lentitud y la calma del yin para equilibrar nuestro verano, si no terminaremos deshidratadas, exhaustas y sobrecargadas. En resumen: celebra el fuego energizante de la estación, pero ajústalo cuando sea necesario.

Si fuera una fase lunar, el verano sería una luna llena, sin lugar a duda. Es un período en el que todo se amplifica y las emociones se descontrolan. Podemos percibirlo como abrumador y frenético o como un empoderador momento de autorreflexión. Así como la luna llena es una oportunidad para reflexionar sobre nuestros objetivos según el calendario lunar, el verano lo es para hacerlo bajo el calendario estacional. A medida que tus emociones surjan con más claridad en esta estación, dependerá de ti escucharlas e identificar todo lo que necesita desaparecer de tu vida para luego soltarlo.

RITUAL MODERNO DE VERANO

Las festividades de verano varían ampliamente en todo el mundo, pero muchas comparten los mismos matices de comunidad y orgullo. Estados Unidos y Canadá celebran su independencia con fuegos artificiales y desfiles en verano, mientras que en Asia oriental las personas se reúnen para competir en la Fiesta del Barco del Dragón como muestra de unidad nacional. Los franceses celebran su país con la Fiesta Nacional de Francia en julio, mientras que las celebraciones de independencia inundan las calles de Burundi, Somalia y Ruanda ese mismo mes.

En Estados Unidos, festividades como el Día de la Amistad, el Día Mundial de los Amantes de los Libros y el Día Internacional del Beso también se han sumado a nuestros calendarios de verano a lo largo de los años. Tiene sentido que una estación definida por la energía, la unión y la diversión albergue celebraciones que siguen esta misma línea.

El verano es un momento para...

* Socializar e identificar aquellas personas y experiencias que te dan alegría y libertad.

* Vivir menos pendiente de tu lista de tareas y más centrada en tu lista de deseos.

* Tomarte el tiempo para volver a casa por el camino más largo.

* Revisar tus metas y valorar si necesitas cambiar algo.

* Darle espacio al juego y al movimiento, como cuando éramos niñas.

Dondequiera que vivas, el verano marca la cima del ciclo anual, la culminación de todo lo que construimos en invierno y primavera. Por lo tanto, los rituales de esta estación deberían permitirnos disfrutar de todo lo que hemos creado, al mismo tiempo que reflexionamos sobre lo que funciona y lo que no. Ojalá que estos rituales te inspiren a cantar el estribillo de la canción del año mientras piensas en cómo podrían sonar sus notas un poco más dulces.

EL SOLSTICIO DE VERANO

DA UN PASO HACIA EL SOL

Durante el solsticio de verano en Estados Unidos, el sol brilla en todas partes; durante trece horas y media en Miami hasta casi dieciséis horas a medida que te mueves hacia Seattle[2]. Más al norte del ecuador, Estocolmo disfruta de dieciocho horas y media de luz, y el día dura hasta veintiún horas en Reikiavik, donde el sol sale justo antes de las tres de la mañana y se pone poco después de la medianoche.

Nuestros antepasados celebraron con fervor a los dioses y las diosas que trajeron esta luz casi interminable, y aún hoy existen odas en su honor. Apolo, el dios griego del sol, es una figura común en el folclore, el cual ilumina junto a su hermana gemela, Artemisa, la diosa de la luna[3]. Considerado un símbolo de inmensa belleza, Apolo fue celebrado en gran parte del mundo antiguo y fue la inspiración para uno de los primeros templos romanos. En la cultura japonesa, Amaterasu es la diosa del sol y del universo en su totalidad. La leyenda cuenta que, en una ocasión, se enfureció y se encerró en una cueva, y así sumió al mundo en la oscuridad y abrió paso a los espíritus malignos[4]. El Gran Santuario de Ise, un venerado santuario en la religión sintoísta, está dedicado a la diosa del sol y a la forma en que dependemos de ella para mostrarnos el camino hacia delante.

UN RITUAL DE DIBUJO LIBRE PARA LA MAGNIFICENCIA

Salgamos al aire libre para disfrutar de la casi interminable luz del sol en el día del solsticio de este año (o poco después, si el clima lo permite). Dado que el tema de esta estación combina actividad social con la apreciación consciente de nuestro entorno, tiene sentido comenzar con una gran oda a la naturaleza: los dientes de león que se abren en el campo, las luciérnagas que salen en la noche y la vegetación que se vuelve cada vez más frondosa con cada día que pasa.

LO QUE NECESITARÁS DEL EXTERIOR

* Un diario o, simplemente, utiliza las páginas en blanco que encuentres al comienzo de esta estación.
* Un bolígrafo.
* Una manta, cojín o algo para sentarte.
* Lápices de colores o materiales artísticos (opcional).

LO QUE NECESITARÁS DEL INTERIOR

* Ganas de salir al aire libre.
* Una mente despierta para prestar más atención a las cosas que normalmente pasas por alto.
* Tu creatividad.

INSTRUCCIONES

1. Toma tu papel y bolígrafo, y busca un lugar al aire libre donde puedas sentarte cómodamente durante un rato. Puede ser un lugar que suela cautivarte con su belleza, pero creemos que este ejercicio es más poderoso cuando es un lugar por el que pasas todos los días pero que nunca te detienes a admirar.

2. Siéntate recta y comienza a relajarte con tu respiración. Si lo deseas, cierra los ojos y respira en cuatro tiempos; mantén

durante dos (si estás embarazada, evita la retención), y exhala en cuatro. Con cada inhalación, intenta notar algo nuevo a tu alrededor: el crujido de las hojas, el sonido de las bicicletas que pasan, la sensación del viento en tu rostro o los olores del aire veraniego. Repite durante unos instantes, hasta que tu mente comience a centrarse y te sientas más presente que cuando te sentaste.

3. Abre los ojos si estaban cerrados, toma tu bolígrafo y, comenzando por lo primero que llame tu atención, dibuja la escena que te rodea *sin mirar hacia abajo en el papel*. Mantén la mirada hacia arriba, con la intención de fijarte incluso en los detalles más pequeños. Deja que tu mente guíe al bolígrafo. Si sientes el impulso de mirar hacia abajo al principio, ignóralo y sigue adelante. Date la libertad de crear sin preocuparte por la belleza o la estética. Hay algo realmente liberador en el hecho de hacer y expresarse sin más.

4. Cuando sientas que tu representación de la escena está acabada, mira la página y escribe un simple «Gracias» en cualquier espacio en blanco que veas o en la parte de atrás. Es un agradecimiento a ti misma por hacer algo que podría hacerte sentir un poco incómoda, un agradecimiento al mundo que te rodea por brindarte una inspiración infinita y un agradecimiento a la nueva estación por todo lo que tiene por ofrecer.

Sin importar cómo quede el producto final, ojalá te recuerde que este verano debes tomarte un tiempo para disfrutar de los detalles que a menudo pasamos por alto.

CÓMO SEGUIR AVANZANDO

Flora Bowley, artista y propietaria de Flora Bowley Designs, es una firme creyente de que la expresión creativa puede promover la curación y el bienestar holístico. En esta ocasión, nos guía a través de algunos de sus ejercicios de dibujo al aire libre favoritos, que puedes practicar durante todo el año para bajar el ritmo y apreciar el mundo natural que te rodea.

1. **DIBUJA LAS SOMBRAS**: dibujar sombras es una manera sencilla de capturar formas e imágenes únicas con un poco de ayuda del sol. Sal y comienza a observar dónde se encuentran la luz y las sombras. Presta atención a las formas de las sombras que te resulten interesantes y coloca tu cuaderno de dibujo en su camino para que caigan en tu página. Luego, traza esas formas en tu papel y observa lo que capturas.

2. **PRUEBA LA TÉCNICA DE CONTORNO CIEGO CONTINUO**: adopta las líneas espontáneas que surgen naturalmente con este estilo de dibujo. Primero decide qué te gustaría dibujar; puede ser una hoja, un animal, un edificio, un paisaje o un amigo. Sin mirar el papel, dibuja el objeto con una sola línea continua, permitiendo que tu bolígrafo fluya libremente por la página.

3. **DIBUJA CON TU MANO NO DOMINANTE**: esta es una manera maravillosa de liberarte de hábitos y descubrir una forma de crear más libre. Al permitir que tu otra mano tome la iniciativa, descubrirás instantáneamente una nueva energía en tus líneas y formas. Comienza por dibujar algo simple y avanza hacia composiciones más complejas a medida que tu mano no dominante adquiera un poco de práctica. ¡Relájate y diviértete!

LA PRIMERA LUNA NUEVA DEL VERANO

EL BOSQUE ENCANTADO

El ambientalista John Muir lo dijo muy bien: «En cada paseo por la naturaleza, uno recibe mucho más de lo que busca». El bosque, con sus árboles altos, el crujido de las hojas y un velo de misterio, siempre ha tenido un propósito restaurador y espiritual. Para personajes de ficción como Blancanieves, Cenicienta y Caperucita Roja, la fantasía y la realidad se encontraban en el bosque. Era el escenario de ceremonias sagradas, donde se honraban como punto de encuentro de dos reinos aparentemente separados que podían coexistir.

El bosque encierra la sabiduría de la naturaleza, con sus copas frondosas que han sobrevivido durante eones, hojas que caen y crecen en perfecta armonía año tras año y animales que crean sus propios hogares en cada rincón. Y aunque el bosque tenga algo enigmático y misterioso, una parte es familiar y reconfortante. Adentrarse en el bosque puede sentirse como volver a casa. Es una experiencia de sanación, tanto espiritual como física.

El bullicio de las grandes ciudades, los teléfonos inteligentes y las distracciones nos sobreestimulan y estresan, y la naturaleza se ha convertido en un antídoto cuya mera presencia nos ayuda a sentirnos más saludables, a conectarnos con nuestros antepasados y a reencontrarnos con nuestro cuerpo. En una era en la que el ciudadano promedio pasa el 93 % de su vida en espacios interiores, quedó demostrado que el tiempo ininterrumpido rodeado de árboles y vegetación reduce la frecuencia cardíaca y la presión arterial, promueve la actividad del sistema nervioso parasimpático (nuestra respuesta de relajación) y calma la actividad del sistema nervioso simpático (nuestra respuesta de lucha o huida)[5]. En parte, esto se debe a las fitoncidas, unas sustancias químicas emitidas por los árboles que se cree que desencadenan una respuesta inmunológica saludable en los seres humanos.

En Japón, pasar tiempo en la naturaleza se ha convertido en una forma aceptada de hacer terapia. El arte del *shinrin-yoku*, también conocido como «baño de bosque», fue acuñado por el Ministerio de Silvicultura japonés en 1982[6]. El Gobierno invirtió millones de yenes en estudiar los amplios beneficios físicos y mentales de esta práctica, y caminar por senderos de terapia especialmente designados se convirtió pronto en una receta válida en el país.

La diferencia entre el baño de bosque y una experiencia al aire libre más común, como el senderismo, radica en el énfasis que se pone en el viaje en vez del destino. Tomar un baño de bosque implica adentrarse en este sin un objetivo concreto en mente, apreciando simplemente la experiencia de estar allí. Significa dejar tu mapa en casa y permitir que tu entorno te marque el camino.

La alegría que nos da la naturaleza

No es de extrañar que las naciones más felices del mundo tengan programas para fomentar la conexión de las personas con la naturaleza. En Finlandia (país número 1 en el Ranking Mundial de la Felicidad de 2018), los senderos forestales animan a los excursionistas a expresar su gratitud con altares de piedra, pequeñas capillas y carteles que dicen: «Agáchate y toca una planta»[7]. En Dinamarca, el tercer país más feliz, las *Bofællesskab* (comunidades de viviendas construidas en torno a grandes jardines comunitarios y espacios verdes) son muy populares. Mientras que en Suecia, el noveno en la clasificación, el derecho a la naturaleza está consagrado en la constitución[8]. *Allemansrätten*, o la «libertad de andar», permite a los ciudadanos deambular libremente por cualquier lugar al aire libre, incluso en propiedades privadas. En la ciudad más feliz de los Estados Unidos, Boulder, Colorado, los residentes han votado destinar fondos públicos a la construcción de un sendero para bicicletas de casi quinientos kilómetros de longitud alrededor de la ciudad, y recientemente aprobaron una ley que exige que todos los nuevos edificios de grandes dimensiones estén equipados con paneles solares o tengan un jardín en la azotea[9].

UN RITUAL DE BAÑO DE BOSQUE PARA EXPLORAR

¿Qué mejor manera de darle la bienvenida a la primera luna nueva del verano que conectando contigo misma y experimentando las propiedades terapéuticas de la naturaleza con un ritual de baño de bosque? Incluso si no tienes acceso a un bosque donde vives, aprovecha la ocasión para buscar un área que sea un poco más verde de lo que estás acostumbrada. Lo único que necesitas es un poco de césped bajo tus pies, una vista que no esté tapada por edificios o personas y, tal vez, uno o dos pájaros cantando.

LO QUE NECESITARÁS DEL EXTERIOR

* ¡Nada!

LO QUE NECESITARÁS DEL INTERIOR

* Estar lista para explorar tu entorno sin un mapa o teléfono que te guíe.

INSTRUCCIONES

1. Cuando hayas encontrado un lugar a donde ir, sal sin tu teléfono o ponlo en modo avión mientras exploras. A medida que avanzas, deja que el mundo que te rodea te guíe en tu itinerario. Date la libertad de sentarte en el césped, oler las flores y, tal vez, cavar en la tierra.

2. Si necesitas un poco de ayuda para desconectar y liberarte de pensamientos o preocupaciones persistentes, realiza un breve ejercicio de respiración 1:1 (consulta la página 188).

3. Finaliza la experiencia haciendo una fotografía. Tu teléfono y tu cámara deben seguir guardados, así que cierra los ojos y graba la escena en tu memoria con tus sentidos. ¿Cómo suena, se ve, se siente, huele y sabe ese momento? Recupera la imagen mental la próxima vez que estés sentada en un espacio interior y te sientas estresada. Es un recordatorio de tu naturaleza salvaje y del mundo, que es más grande que tus preocupaciones.

Hay una razón por la que este ritual no tiene muchas instrucciones. La idea del baño de bosque es crear tu propia aventura sin preocuparte por las reglas. Ir a donde la naturaleza te lleve es un logro espiritual en sí mismo.

CÓMO SEGUIR AVANZANDO

No hace falta que hagas este ritual durante el verano. Existen muchas técnicas para aprovechar el poder de la naturaleza que estimulan el cerebro y mejoran el estado de ánimo, incluso cuando un paseo agradable de mediodía no es una opción. Estas son algunas de nuestras favoritas:

* Que abrir las persianas sea lo primero que hagas por la mañana.
* Difunde aceites esenciales amaderados como el sándalo, el incienso y la salvia antes de irte a dormir.
* Cultiva tus propias hierbas en macetas en un alféizar de la ventana.
* Incorpora más plantas en el interior de los espacios donde pasas más tiempo.
* Sal unos minutos al aire libre durante la mañana de cada luna nueva, cuando el aire esté lleno de frescura.

LA PRIMERA LUNA LLENA DEL VERANO

BEBE LA LUZ DEL SOL

Aunque el uso de las flores con fines curativos es una práctica ancestral, el término «esencias florales» fue acuñado por el Dr. Edward Bach, un cirujano británico que recurrió a la homeopatía con sus propios problemas de salud en la década de 1930. Frustrado por las limitaciones de la medicina occidental, Bach se propuso encontrar en la naturaleza un remedio que pudiera hacer por él más que las vacunas con las que trabajaba en el laboratorio. En la búsqueda de un medicamento que pudiera sanar a la persona en su totalidad (mente, cuerpo y espíritu) finalmente se decidió por las flores, pensando que cualquier cosa impregnada con el entusiasmo y la fortaleza de la naturaleza debía ser capaz de tratar los problemas del ser humano. Cuando vio que las fórmulas hacían maravillas en su propio botiquín de medicinas, Bach se dispuso a compartirlas con la humanidad. Creó treinta y ocho esencias, cada una pensada para aliviar una angustia emocional en particular, desde la soledad hasta el miedo a lo desconocido, y detalló su poder en su libro *Los doce curadores y otros remedios*[10].

En su introducción al nuevo tratamiento holístico, escribió: «Como las hierbas son las que curan nuestros miedos, nuestra ansiedad, nuestras preocupaciones, nuestros defectos y nuestras faltas, es a ellas a quienes debemos buscar, y entonces la enfermedad, sea cual sea, nos abandonará». Sin duda, una afirmación audaz, pero su declaración de que la enfermedad puede comenzar en la mente ha continuado siendo cierta con el tiempo. El estrés le indica al cuerpo que libere hormonas como el cortisol, la adrenalina y la norepinefrina, un exceso de estas puede provocar sobrepeso y predisposición a la presión arterial alta[11] y enfermedades cardíacas[12].

Aunque no hay estudios científicos que respalden la eficacia de beber flores, la mayoría de nosotros podemos estar de acuerdo en que incorporar más naturaleza en nuestras vidas, ya sea mediante una dieta basada en plantas o pasando más tiempo al aire libre, puede ser curativo.

Desde la época de Bach han aparecido alquimistas florales que han elaborado sus propias esencias (también conocidas como «elixires florales» y« tinturas de flores»). Hoy en día, el mercado se ha expandido para abrirle las puertas a líneas personalizadas de pociones que aprovechan el poder de la tierra, el sol y la luna para ofrecer una flor para cada estado de ánimo y deseo.

UN RITUAL DE ESENCIAS FLORALES PARA LA EXPANSIÓN

Es hora de capturar la energía de la primera luna llena del verano mediante un ritual de esencias florales. Vamos a invocar a nuestra hechicera interior y crear una poción que podamos llevar con nosotras durante el resto de la estación estival.

LO QUE NECESITARÁS DEL EXTERIOR

* Una pequeña botella de espray de vidrio.
* Un recipiente con agua.
* Pétalos de una flor de tu elección.

LO QUE NECESITARÁS DEL INTERIOR

* Un propósito para llevar contigo durante el resto del verano.

INSTRUCCIONES

1. En una noche despejada, dirígete afuera y coloca el recipiente con agua bajo la luna en un lugar donde nadie lo toque. (Si esto no es posible, puedes colocar el recipiente en un alféizar para capturar la luz de la luna desde adentro).

2. Cubre la superficie del agua con los pétalos de una flor que represente el verano para ti. Esta flor podría tener algún recuerdo o historia relacionada; tener un significado especial en el lenguaje de las flores (puedes consultar la página 128 para más información), o simplemente resultarte especialmente bonita. Elige una flor que esté en temporada y sea local en tu área si es posible y, por supuesto, asegúrate de que no seas alérgica a ella. Si puedes recolectarla de tu propio jardín, ¡mejor aún!

3. A medida que colocas cada pétalo en el recipiente, visualiza tu propósito de verano en tu mente. Imagina cómo sería conseguir este objetivo estacional y siente las sensaciones que te traería como si fueran reales. No te detengas hasta que la superficie del agua esté cubierta de flores.

4. Deja que el recipiente repose bajo la luna durante la noche y parte de la mañana. De esta manera, el sol y la luna pueden cargar tu mezcla y el propósito que contiene.

5. Saca el recipiente del sol, filtra los pétalos y coloca el agua infusionada en tu botella de vidrio. Úsala como un rocío facial o para la habitación todas las mañanas hasta que se agote, y visualiza tu propósito una y otra vez cada vez que lo apliques.

CÓMO SEGUIR AVANZANDO

Le pedimos a Katie Hess, la alquimista floral de la línea de esencias Lotuswei, que compartiera sus tres mejores opciones de flores para el verano y que nos dijera qué le gusta de cada una. Todas son comestibles y hacen que Katie desee hacer un pícnic a la luz de la luna sobre el césped. Helado de jazmín, una ensalada picante de capuchina y vino de diente de león; ¿quién se apunta?

1. **JAZMÍN**: el jazmín nocturno emite una fragancia que embriaga los sentidos. Nos hace sentir bellas y plenas. Despierta una naturaleza salvaje y la apreciación de la belleza, tanto respecto a nosotras como al mundo que nos rodea.

2. **CAPUCHINA**: esta flor roja, amarilla y naranja nos recuerda el ardiente sol del verano. Fomenta la espontaneidad, la alegría y la satisfacción.

3. **DIENTE DE LEÓN**: esta flor alivia la tensión física y nos ayuda a liberar el estrés y el bloqueo de nuestro cuerpo. Es salvaje y libre, y sus semillas, que cumplen deseos, vuelan por todas partes, inspirándonos a florecer también con el viento.

DÍA INTERNACIONAL DEL BESO

(6 DE JULIO)

SÉLLALO CON UN BESO

También conocido como el Día Mundial del Beso, este día se estableció en 2006 como una ocasión para celebrar a los amantes. El Día de San Valentín trae consigo la presión de comprar bombones, regalos y tarjetas y, reservar en restaurantes, es decir, toda la parafernalia. El Día del Beso, que se celebra cada 6 de julio, es un recordatorio de que hay que celebrar el amor con más amor, lo cual lo convierte en un día festivo más basado en la acción que en los regalos.

En la actualidad, los besos aparecen en muchos tipos diferentes de relaciones. Los padres besan a sus hijos, los amigos se besan en la mejilla (a veces dos veces) y, en algunas culturas, los colegas más expresivos incluso lo usan como una forma de saludar y despedirse. Existen muchas teorías sobre el origen del beso; algunos científicos dicen que es un comportamiento instintivo adaptado de cuando las madres masticaban la comida de sus bebés antes de pasársela a la boca. Antes de rechazar la idea por considerarla asquerosa, hay investigaciones más actuales que indican que el beso podría no ser tan romántico como se creía. Un estudio internacional investigó 168 culturas de todo el mundo para conocer si el beso tenía un papel romántico[13]. Lo romántico (o sexual) se definió por un contacto en los labios que podía ser prolongado, aunque no lo era necesariamente. Descubrieron que una minoría de las culturas, el 46 %, se besaban románticamente y que en las culturas donde los besos románticos eran normales, se consideraba que las relaciones eran más complejas. ¡Quién lo diría!

Puede ser complicado, pero sabemos cuándo es especial el beso de un amante. Una de las razones por las que el beso es tan íntimo es porque los labios son una zona erógena. Si consideramos la superficie, los labios tienen más terminaciones nerviosas que cualquier otra parte del cuerpo (¡incluso más que los genitales!). Esas terminaciones son importantes para comer, hablar y, sí, hacen que los besos sean geniales. Hay algo en la forma en que los labios se unen y los movimientos, la energía, la profundidad, el aroma y el sabor juegan un papel importante a la hora de saber si un beso nos gusta. De hecho, existe toda una ciencia dedicada al estudio del beso: la filematología. En una entrevista con NPR, Sheril Kirshenbaum, autora de *La ciencia del beso*, dice que algunos investigadores creen que nuestras feromonas deciden si una persona besable es un buen compañero[14]. Son como los sabuesos del cuerpo, que rastrean la diferencia genética entre nosotros y nuestras parejas, con la intención de fusionar lo mejor de ambos acervos genéticos y dar lugar a descendientes con menos enfermedades y una ventaja reproductiva óptima. El beso también libera oxitocina, la «hormona del abrazo», especialmente en los hombres, y ayuda a suprimir la producción de cortisol, la «hormona del estrés», en ambos compañeros[15]. El beso es una acción consciente que envía amor desde la parte subconsciente y animal del otro, y podría ayudar a mantener a las parejas unidas.

El Día Internacional del Beso es el momento ideal para atraer nueva energía a nuestra vida y decidir si vale la pena conservarla. Con la ayuda de los cristales, que en cierto modo son como besos de la tierra (cada uno es único y, al igual que un beso, nos ayudan a manifestar una química con las personas, lugares y cosas al aumentar nuestra conciencia) podemos implementar un ritual para establecer intenciones que inviten a los tipos de relaciones y energías que deseamos.

UN RITUAL DE CRISTALES PARA ABRIR TU CORAZÓN

Sin un corazón abierto, es imposible recibir el amor que llega constantemente a tu vida. Según la Medicina Tradicional China, el verano está relacionado con el corazón, lo que lo convierte en el momento ideal para reflexionar sobre a quién amas y cómo lo haces. ¿Qué te está impidiendo sentirte amada, amar al máximo o atraer el tipo de amor que deseas en tu vida?

LO QUE NECESITARÁS DEL EXTERIOR

* Una vela o palo santo.
* Tres fotos:
  * Una tuya.
  * Una de alguien con quien deseas recuperar o mejorar una relación.
  * Otra de alguien que quieras conocer o con quien desees profundizar tu relación. (Nota: no hace falta que ninguna de estas fotos sea de un amor romántico, pero puede serlo).
* Tres pares de fichas gemelas (un total de seis). Pueden ser dos monedas especiales, dos plumas, dos piezas de vidrio marino, etc. Consejo de expertas: no elijas simplemente lo que tengas más a mano. Haz que sea intencional, estacional y valioso para ti.
* Tres tarjetas de índice o trozos de papel del mismo tamaño.
* Un bolígrafo.

LO QUE NECESITARÁS DEL INTERIOR

* Una idea sobre cuál es el papel que deseas que jueguen tus relaciones en tu vida.

INSTRUCCIONES

1. En tu altar u otro espacio sagrado, coloca las tres fotos frente a ti. Coloca tu foto a la izquierda, la foto de «recuperar o mejorar» en el medio y la foto de «atraer o profundizar» a la derecha. Ten todas tus fichas gemelas cerca.

2. Enciende la vela o el palo santo y pásalo sobre las fotos para limpiar la energía que las rodea.

3. Escribe una palabra para representar lo que está bloqueando la energía en cada una o lo que te ha estado preocupando. No hay respuestas incorrectas, siempre y cuando seas honesta.

4. Dale la vuelta a las tres tarjetas. En la parte trasera de cada una, escribe una palabra que desees que cada persona aporte a tu vida, incluyéndote a ti misma. Deja volar tu imaginación, pero conecta la palabra final con la realidad.

5. Coloca una ficha en cada tarjeta de índice. Imagina que las fichas absorben la energía negativa de las palabras en la parte trasera de las tarjetas, parecido a como lo haría un cristal.

6. Coloca el otro juego de fichas sobre cada foto. Imagina que las fichas infunden buenas vibraciones, incluyendo las palabras que has elegido, en cada relación. Piensa en un escenario en el que la palabra que elegiste sea cierta y juega con esa idea en tu mente para cada persona. Esto puede llevar unos minutos, no te impacientes.

7. Guarda estas fotos en tu altar durante unas semanas. Puedes apilarlas, darles la vuelta y colocar una ficha de cada juego encima.

8. Usa el otro juego de fichas como recordatorio: deja la que es para ti en un lugar donde normalmente te sientes perdida, abrumada o poco valorada. Lleva la ficha de «recuperar o mejorar» en tu bolso la próxima vez que veas a esa persona. Y deja la ficha de «atraer o profundizar» en tu altar o en cualquier lugar donde creas que podría ayudarte a manifestar esa energía.

9. Apaga la vela o el palo santo y finaliza el ritual cerrando poco a poco los ojos e imaginando un corazón fuerte y receptivo.

CÓMO SEGUIR AVANZANDO

Si deseas profundizar en el ritual o simplemente seguir avanzando, la autora y consejera espiritual Emma Mildon nos brinda unas recomendaciones sobre qué tipos de cristales son los más poderosos en determinados escenarios. Al igual que con el poder de los besos, el uso de cristales que complementen tus deseos aumenta la intensidad.

* **CRISTALES PARA EL APOYO EMOCIONAL**: existen varios cristales que pueden brindar apoyo emocional, especialmente en asuntos relacionados con el amor. El cuarzo rosa, de color rosa, se conecta con el chakra del corazón y es ideal para cualquier cuestión relacionada con el corazón: amor propio, amor por el cuerpo,  un corazón en proceso de sanación o simplemente para añadir más amor a tu vida. Puedes llevarlo en forma de collar, meterlo en tu sujetador o incorporarlo a tu altar. Otras piedras que ofrecen apoyo emocional son el ámbar, el jade verde, la esmeralda y el granate.

* **CRISTALES PARA BUSCAR SABIDURÍA**: para aprovechar la información y la comprensión, puedes utilizar cristales que fomenten el conocimiento y el aprendizaje. Entre ellos están la turquesa, el ojo de tigre, la piedra lunar, el lapislázuli y el larimar. Ten estos cristales contigo cuando medites o sujétalos mientras lees un nuevo libro o asimilas nuevos conocimientos.

* **CRISTALES PARA LAS TRANSICIONES DE LA VIDA**: los cristales que nos acompañan en diferentes etapas de la vida, transiciones y momentos de cambio pueden añadirse a nuestros altares. La azurita da lugar a nuevas experiencias, el ónix aporta fuerza de voluntad y el hematite y la citrina infunden confianza en momentos de incertidumbre.

Una energía colorida

Se cree que el color de un cristal también revela mucho sobre su energía. A continuación verás algunos de los colores más comunes de los cristales y lo que significan:

* **Rojo**. Las piedras rojas, como los rubíes, irradian una energía amorosa y apasionada. El color de la sangre, el rojo, energiza el cuerpo y nos calienta.

* **Naranja y amarillo**. Estos colores aportan claridad, luz y buena fortuna, con piedras como el ámbar y la citrina que actúan como un rayo de sol portátil.

* **Verde**. Las piedras verdes se consideran muy curativas y sirven para conectarse con la tierra. A menudo se asocian con la
buena fortuna, siendo la aventurina verde y el jade dos piedras relacionadas con la prosperidad económica.

* **Azul**. Las piedras azules llevan consigo una ola de energía calmante y fluida, como el océano y el cielo que imitan. El ágata
de encaje azul y la azurita fomentan la claridad y abren el
camino a una gran creatividad.

* **Violeta**. El violeta está relacionado con la espiritualidad y el
conocimiento superior, y piedras como la amatista pueden
ayudar a conectar con la intuición.

Es interesante destacar que algunas piedras, a menudo muy
raras y apreciadas, cambian de color según la luz a la que están
expuestas[16]. Un ejemplo es la tanzanita, que solo se encuentra
en las estribaciones del monte Kilimanjaro y cuyos vibrantes tonos pasan de rosados a azules y morados. La alejandrita es otra
piedra preciosa que muestra muchas facetas, pasando de verde
azulado bajo la luz del sol a rojo púrpura bajo una luz más suave
gracias a su combinación única de minerales.

DÍA INTERNACIONAL DE LA AMISTAD

(30 DE JULIO)

AMIGOS POR SIEMPRE

El Día Internacional de la Amistad, reconocido por las Naciones Unidas[17], tiene como propósito fomentar la camaradería y fortalecer los lazos de confianza, dos características fundamentales de la amistad. Un «espíritu compartido de solidaridad humana», según la ONU, tiene poder suficiente para cambiar el mundo. Nosotras estamos totalmente de acuerdo con ello.

Por lo tanto, no es de extrañar que, según la Medicina Tradicional China, la alegría (y su opuesto, la tristeza) sean las emociones relacionadas con el verano. Ambas se experimentan en las amistades, ya que ser vulnerable, sentirse herido y aprender a confiar nuevamente es parte inherente del proceso. Naturalmente, la risa se convierte en el sonido característico del verano, según la MTC. Piensa en lo siguiente: ¿cuándo fue la última vez que te reíste tanto que lloraste? Probablemente estabas con un amigo muy cercano a ti.

Está comprobado que tener amistades sólidas en la infancia y la adolescencia nos hace ser menos autocríticos en la edad adulta[18]. Una amistad saludable y recíproca incluso tiene el poder de contrarrestar la falta de apoyo o las interacciones negativas con los miembros de la familia cercana[19]. Además, los abrazos de amigos han demostrado fortalecer nuestro sistema inmunológico, lo que sugiere que los abrazos pueden reducir el estrés[20]. A pesar de que existen innumerables estudios que confirman los beneficios de las conexiones auténticas, muchos de nosotros permitimos que nuestros teléfonos, ordenadores, relojes inteligentes y demás hablen por nosotros. Es cierto que, como sociedad, nunca hemos estado tan conectados como lo estamos hoy día. Sin embargo, también hay un aumento de los casos de ansiedad, depresión y otros problemas de salud mental en las personas, especialmente en los jóvenes, y esto se debe en gran parte a la presión de las redes sociales[21]. No podemos evitar pensar que esto se debe a que nuestros teléfonos y ordenadores nos están privando de conexiones personales.

Esta es una de las razones por las que el yoga se ha vuelto tan popular. Es una oportunidad para desconectarnos de las pantallas y estar en una habitación con personas que comparten nuestros mismos intereses. Tradicionalmente, el yoga ha sido una práctica solitaria. La palabra «yoga» proviene del sánscrito y en español se traduce como «yugo», «unir» o «unión». En el contexto del ser, esto significa que la práctica del yoga une la mente, el cuerpo y el espíritu como un todo. Practicarlo en casa es satisfactorio y terapéutico, y puede conseguir este objetivo por sí solo. Sin embargo, si no lo practicamos con otros, nos perdemos la oportunidad de compartir y beneficiarnos de la presencia mutua.

En el yoga Katonah, una línea de yoga más moderna, su fundadora, Nevine Michaan, sostiene que uno más uno suma tres. Esta misma idea existe en la psicología de la Gestalt: el todo es más que la suma de sus partes. Piensa en un aplauso: unir dos manos no produce tres manos, sino un nuevo sonido. De la misma manera, practicar yoga con otros te ayuda a valorar tu técnica, probar cosas nuevas, intercambiar ideas y, en última instancia, fomenta un espíritu colectivo de mejora.

UN RITUAL DE YOGA EN PAREJA PARA LA UNIDAD

El calor de la estación nos invita a salir al aire libre, en compañía de nuestros amigos, tanto los nuevos como los antiguos, para compartir experiencias, sabiduría y anécdotas entre nosotros. Elige a una amiga, solo hace falta una, pero cuantas más sean, mejor, y practicad juntas esta secuencia de yoga.

LO QUE NECESITARÁS DEL EXTERIOR

✳ Una esterilla de yoga para cada persona.

LO QUE NECESITARÁS DEL INTERIOR

✳ Disposición para colaborar, apoyar y ser apoyada.

INSTRUCCIONES

1. **ENCUENTRA EL CENTRO**: sentadas, haced algunas respiraciones juntas para centraros, conectar con vuestro cuerpo y ser conscientes de vuestra mente.

2. **POSTURA DEL GATO, POSTURA DE LA VACA Y REVOLVER EL CALDERO**: al pasar a la posición de cuatro patas, haced despacio varias rondas de la postura del gato (arquea la espalda hacia el cielo, mete el trasero, usa las manos para alejarte del suelo y mete el ombligo hacia dentro, como un gato asustado) y la postura de la vaca (lleva el abdomen hacia el suelo, levanta el trasero, eleva la mirada y lleva las clavículas hacia atrás) para calentar la columna vertebral. Luego, haced círculos grandes con las caderas, en una dirección y luego en la otra, como si estuvierais revolviendo un caldero. Cerrad los ojos si esto os parece un poco tonto y ¡dejaos llevar!

3. **POSTURA DE LA PLANCHA**: pasad a la postura de la plancha, o posición de plancha, llevando vuestro peso hacia delante y hacia atrás, y luego de lado a lado, y manteneos así durante cuatro respiraciones. ¡Deberíais sentir que os tiembla todo el cuerpo! Si estáis forzando mucho vuestra muñeca, haced la postura apoyando las rodillas.

4. **POSTURA DEL PERRO BOCA ABAJO**: llevad la pelvis hacia arriba y hacia atrás para adoptar la postura del perro boca abajo. Vuestros cuerpos deben formar un triángulo con las caderas en alto y las manos y los pies en el suelo. Subid la pierna derecha hacia arriba y hacia atrás, y alinead las caderas. Doblad la rodilla derecha y abrid la cadera. Llevad la rodilla derecha hacia la nariz y colocad el pie derecho al lado de la mano derecha.

5. **POSTURA DEL GUERRERO 3**: desde aquí, elevad el pie trasero y entrad en la postura del Guerrero 3. Mantened la pierna derecha algo flexionada mientras empujáis la pierna izquierda hacia atrás. Flexionad el pie, alinead las caderas, abrid el pecho y respirad. La cabeza, el torso y la pierna izquierda deben estar en el mismo plano.

6. **POSTURA DE LA MONTAÑA DE PIE**: desde aquí, doblad la pierna izquierda y quedaos erguidas sobre el pie derecho. Colocad el pie izquierdo al lado para hacer un pequeño descanso. Manteneos erguidas, estirad la columna, poned las manos a los lados y mirad hacia delante. Haced algunas respiraciones.

7. **POSTURA DEL BAILARÍN**: doblad la pierna derecha y, con la mano derecha, sujetaos el interior del pie derecho. En lugar de usar la mano para tirar del pie, empujad hacia la mano con el pie y la pierna; de esta forma, el movimiento hará que la pierna suba. Respirad aquí, en la postura del bailarín, y sentid los movimientos dinámicos. Cuando estéis listas, soltad la pierna y regresad a la postura de la montaña de pie.

8. **REINICIAR**: inhalad y haced un círculo con los brazos. Exhalad y doblad el torso sobre las piernas. Inhalad y levantaos hasta

la mitad, con el torso paralelo a las piernas y las manos sobre las pantorrillas. Exhalad y volved a doblaros. Inhalad y subid a la postura de la montaña de pie, con una vértebra cada vez. La cabeza es la última en subir. Quedaos así durante un momento.

9. **REPETIR**: haced la secuencia con el otro lado.

10. **SAVASANA**: después de acabar con el segundo lado, acostaos boca arriba para hacer una breve savasana.

CÓMO SEGUIR AVANZANDO

Si quieres llevar tu práctica al siguiente nivel con otra persona y te interesa descubrir otras formas de potenciar tanto tu propia práctica como la de tus amigas, estos ajustes fortalecerán tu sensación de conexión y recibirlos te hará sentir conectada. En el yoga, al igual que en la amistad, los beneficios se multiplican cuando damos y recibimos.

Estos ajustes son los que recibirías en clase por parte de un profesor de yoga. Asegúrate de ser delicada con tus amigas y haz esos ajustes prácticos solo si tienes su consentimiento. Puedes hacerlos durante la secuencia que acabo de describir y así ayudar a tu compañera a experimentar una nueva versión de las asanas.

1. **POSTURA DEL GUERRERO 3 COMO APOYO**: ponte de pie detrás de tu compañera y deja que su pie levantado presione directamente en tu cuerpo. También puedes sujetar con cuidado su pie levantado. Suéltalo lentamente cuando esté lista.

2. **CHOQUE DE MANOS EN LA POSTURA DEL BAILARÍN**: de pie frente a tu compañera, lleva la palma de tu mano en forma de «choca

esos cinco» para que se encuentre con la mano de ella. Darle un apoyo y un límite contra el cual equilibrarse la ayudará a mantener la estabilidad.

3. **AJUSTE DE LA POSTURA DE LA MONTAÑA DE PIE**: en la postura de la montaña de pie, usa tus manos para anclar sus pies. Forma una «L» con tu pulgar y el resto de tus dedos, y coloca el espacio entre tu pulgar y tu dedo índice alrededor de su talón y llévalo hacia el suelo. Este gesto puede ayudar a relajarte, enraizar y ser un sostén para la persona receptora, a pesar de su aparente simplicidad.

4. **AJUSTE EN EL HUESO DEL MUSLO DURANTE SAVASANA**: en la fase final de savasana, usa las manos para presionar suavemente los huesos del muslo hacia el suelo. La parte superior del muslo suele responder muy bien a este ajuste y genera una sensación agradable.

FESTIVAL QI XI

(AGOSTO, AUNQUE LA FECHA EXACTA VARÍA SEGÚN EL AÑO)

UNA HISTORIA DE AMOR PERDURABLE

El Festival Qi Xi, también conocido como el «festival de la séptima noche», se celebra en el séptimo día del séptimo mes del calendario lunar chino. Es el encuentro anual del «pastor de vacas» y la «doncella que teje» en la mitología china[22]. La historia comienza con dos amantes, una hábil tejedora y un pastor de vacas. Se enamoraron, se casaron y tuvieron dos hijos. La madre de la esposa, una diosa, se enfureció al descubrir su relación y se llevó a su hija de regreso a los cielos para evitar que continuara con su unión.

El hombre quedó devastado y deseó encontrar la manera de reunirse con su esposa. Poco después, descubrió que una de sus vacas tenía una conexión con los cielos, ya que, en el pasado, también había sido una deidad. El hombre utilizó la piel de la vaca para hacerse unos zapatos que le permitieran volar a los cielos y estar con su esposa. Todo salió según lo planeado, pero la reina de los cielos era obstinada. Creó la Vía Láctea para mantener a los amantes separados, pero las urracas formaron un puente para que los amantes pudieran encontrarse en el medio. Al ver lo feliz que esto hacía a su hija, la reina de los cielos permitió que ambos estuvieran juntos un día al año, en Qi Xi. De esta manera, Qi Xi se celebra como un día de celebración del amor en China.

En Qi Xi se practican varios rituales. En otros tiempos, las mujeres dejaban frutas y comida para Zhi Nu, la esposa, y esperaban poder desarrollar una habilidad para atraer a una pareja. Los niños colgaban flores en cuernos de buey decorativos para honrar al dios de las vacas que se sacrificó por la pareja. Hoy en día, los rituales son diferentes, pero todos giran en torno al amor. En Taiwán, se lanzan farolillos de papel al aire, y en la China continental, algunas chicas se esconden detrás de calabazas para escuchar los susurros de la pareja, lo cual es un buen augurio para el amor. Otros recogen el rocío de la mañana, que se dice que simboliza las lágrimas de la pareja, y lo utilizan para lavarse el cabello en busca de buena suerte.

UN RITUAL DE AMOR BENEVOLENTE + SANACIÓN SONORA PARA EL AMOR DURADERO

La meditación del amor benevolente proviene de la religión budista, aunque en la actualidad no tiene relación con la religión. A veces se la llama «meditación metta», y la teoría que hay detrás de esta meditación es fomentar el amor y la bondad desde el interior para luego difundirlos y compartirlos con todo el mundo. Inspirados por el amor inquebrantable de Qi Xi, usaremos la meditación y el sonido para atraer más amor a nuestra vida.

LO QUE NECESITARÁS DEL EXTERIOR

* Acceso a Spotify u otro servicio de *streaming* de música. (Esta es una de esas ocasiones en las que llevar tu teléfono u ordenador a un ritual está bien).
* Una vela.

LO QUE NECESITARÁS DEL INTERIOR:

* Compasión y buenos deseos para ti misma y para aquellas personas con las que te encuentres.

INSTRUCCIONES

1. Siéntate en tu altar u otro espacio sagrado y enciende una vela. Asegúrate de estar cómoda. Puedes usar aceites esenciales aquí o incienso o palo santo si te ayuda a conectarte con el momento presente.

2. Pon la canción *The Oneness Om* de Ananda Giri en modo repetición. Si no es tu estilo, busca cuencos tibetanos o baños de sonido sin letra.

3. Mientras te acomodas y haces algunas respiraciones profundas, piensa en cómo sería enviarte algo de amor a ti misma. Repite para ti misma: «Que seas feliz. Que seas saludable. Que tengas paz y vivas con tranquilidad». Absórbelo con algunas respiraciones.

4. Luego, imagina a alguien a quien amas. Repítelo para ti misma, pero envíalo en su dirección: «Que seas feliz. Que seas saludable. Que tengas paz y vivas con tranquilidad». Absórbelo con algunas respiraciones.

5. Luego, piensa en alguien que te resulte familiar pero que no conozcas. Esta persona podría ser un camarero o alguien a quien ves en el tren todos los días. Repítelo para ti misma, pero envíalo en su dirección: «Que seas feliz. Que seas saludable. Que tengas paz y vivas con tranquilidad». Absórbelo con algunas respiraciones.

6. Y, por último, piensa en alguien a quien no soportas. Puede ser cualquier persona, no hace falta que sea alguien de tu círculo social. Repítelo para ti misma, pero envíalo en su dirección: «Que seas feliz. Que seas saludable. Que tengas paz y vivas con tranquilidad». Absórbelo con algunas respiraciones.

7. Siéntate con las cuatro personas, incluyéndote a ti, en tu conciencia y simplemente envíales amor.

CÓMO SEGUIR AVANZANDO

Haz un baño de sonido una vez por semana con la intención de conectar la sanación interior con el amor benevolente hacia el exterior. Si no hay baños de sonido disponibles en la zona donde vives, te recomendamos buscar uno en YouTube o comprar las pistas de baño de sonido de la terapeuta Sara Auster. Estas son excelentes porque puedes cargarlas en tu reproductor de música y tenerlas listas para escuchar en cualquier momento. Los baños de sonido suelen durar entre cuarenta y cinco minutos y una hora, así que ajusta tu lista de reproducción para ello. Dicho esto, se trata de un tiempo para ti. Puedes hacerlo durante diez minutos o incluso más, pero después de eso, adapta la práctica a lo que te resulte más conveniente. Lo más importante es que tengas una práctica constante en lugar de que sea esporádica. Así es como se hace:

1. Si estás acompañada por otras personas, invítalos a reuniros en un círculo y tumbaros de manera que vuestras cabezas apunten hacia el centro del círculo y vuestros pies se estiren hacia la circunferencia.

2. Poneos cómodos, ya que es muy importante. Estar tendida en el suelo durante cuarenta y cinco minutos puede resultar bastante molesto si no te sientes cómoda. Te recomendamos que te acuestes con un soporte ligero para la cabeza y el cuello, y que coloques un cojín o una manta enrollados bajo tus rodillas. Esto ayudará a mantener tu espalda cómoda.

3. Establece un propósito de compasión y repite este mantra de amor benevolente si te sientes identificada con él: «Que seas feliz. Que seas saludable. Que tengas paz y vivas con tranquilidad».

4. Siéntate, relájate y deja que las vibraciones sonoras hagan su magia.

5. Si estás en un grupo y sientes el deseo de hacerlo, comparte lo que experimentaste después de la práctica.

6. Si estás haciendo el baño de sonido a solas, toma tu diario y anota cualquier idea inspiradora que haya emergido de tu subconsciente.

DÍA MUNDIAL DE LOS AMANTES DE LOS LIBROS

(9 DE AGOSTO)

EL NACIMIENTO DE UN RATÓN DE BIBLIOTECA

El Día Mundial de los Amantes de los Libros, una festividad relativamente nueva en Estados Unidos, es precisamente lo que su nombre indica: una ocasión para celebrar libros de todo tipo, así como a los lectores que los hacen cobrar vida en su imaginación.

La historia de los libros es tan rica como la del propio lenguaje. Los primeros artefactos que se asemejaban a los libros fueron las tablillas de arcilla de Babilonia, que contenían códigos legales y textos matemáticos, y los rollos de papiro de Egipto, que tenían hasta un pie de longitud y acompañaban a los difuntos en sus tumbas[23]. Estos primitivos dispositivos inmortalizaron tradiciones, fábulas y teoremas. Los griegos fueron algunos de los primeros en reconocer el valor de estudiar los textos de otras culturas, y construyeron la Biblioteca de Alejandría para albergarlos[24]. Los intelectuales viajaron por todas partes con la misión de recolectar medio millón de rollos para añadirlos a sus colecciones locales, y así se sembró la semilla de la pasión por los libros.

En aquel entonces, las bibliotecas no eran lugares donde se tomaban libros prestados para luego devolverlos. El alto coste de producción implicaba que los libros tenían que estar encadenados a las estanterías para evitar que fueran robados, y solo los ricos podían permitirse tener colecciones privadas. Fueron los eruditos chinos quienes allanaron el camino hacia una cultura moderna del libro al crear una forma de fabricar libros en masa utilizando bloques de madera que pasaban las palabras al papel. Sin embargo, su idioma, repleto de miles de caracteres, no estaba adaptado a este tipo de transcripción, y no fue hasta que el orfebre alemán Johann Gutenberg introdujo la imprenta de tipos móviles en Europa en el siglo XV que realmente se popularizó.

A partir de ese momento, los libros comenzaron a aparecer en todas las formas y tamaños. En el siglo XV, un emperador chino ordenó la creación de una enciclopedia que recopilara el conocimiento de la humanidad[25]. Más de dos mil eruditos participaron en su creación y constó de más de once mil volúmenes; al día de hoy se considera uno de los libros más grandes jamás escritos.

Cuando conservamos libros viejos, es posible sentir el amor y la atención que se les dedicó, así como la emoción que surgió al abrirlos por primera vez y la energía que se formó al final de un capítulo. De esa manera, la lectura puede hacernos trascender el tiempo.

UN RITUAL DE TAROT PARA UNA TRANSICIÓN PERFECTA

El Día Mundial de los Amantes de los Libros es una oportunidad para apreciar los textos que hay en nuestras estanterías y para expandir nuestros horizontes hacia nuevas formas de contar historias. Si existiera un momento ideal para recurrir a nuestra baraja de tarot, sin duda es este.

Las cartas del tarot tienen su propia magia y un simbolismo legendario, y nos incitan a adentrarnos en el final del verano. Mientras que los rituales de principios de esta estación se referían a salir, ahora es el momento de revisar lo que hay en nuestro interior: lo que ha ocurrido, lo que está sucediendo ahora y lo que está por venir.

LO QUE NECESITARÁS DEL EXTERIOR

* Una baraja de tarot (si todavía estás buscando la adecuada, también puede servirte la aplicación Golden Thread Tarot).
* Un diario.
* Un bolígrafo.

LO QUE NECESITARÁS DEL INTERIOR

* Tener fe en las cartas.
* Una mente tranquila para darle espacio a la intuición.

INSTRUCCIONES

1. Enciende una vela, quema un poco de incienso o haz cualquier otra cosa que te ayude a entrar en sintonía con tu espacio. Si es la primera vez que usas tu tarot desde hace un tiempo, quema salvia encima de él para limpiarlo simbólicamente de cualquier energía negativa.

2. Toma la baraja entre tus manos y cierra los ojos. Elige tres cartas y colócalas en fila boca abajo frente a ti. La carta de la izquierda representará tu pasado; la del medio, tu presente y la de la derecha, tu futuro.

3. Abre los ojos y dale la vuelta a cada carta. Si alguna está boca abajo, no te preocupes, déjala tal como está. Mira las cartas que has elegido y dedica unos minutos a pensar en lo que la imagen significa para ti antes de consultar una guía de tarot.

Saca un diario y escribe las palabras que se te vienen a la mente cuando miras cada una de ellas. Luego, ubícalas en el contexto de tu vida. ¿Cómo se relacionan estas palabras con tu pasado, presente y futuro? Incluso si te parecen extrañas, ¿qué mensajes puedes sacar de ellas? Dedica unos minutos a reflexionar sobre estas preguntas sin más guía que tu propia intuición.

4. Consulta el manual que viene con tu baraja para investigar lo que dice sobre cada carta. Biddy Tarot también es un buen recurso si buscas descripciones más detalladas. Acaba el ejercicio de escritura añadiendo cualquier palabra o frase relevante que encuentres allí. Presta especial atención a la carta del futuro. ¿Qué vaticina para el resto de la estación y del año?

5. Si sientes el impulso de hacerlo, lleva contigo la carta del futuro que seleccionaste durante el resto del verano: métela en tu billetera, en tu bolso o en tu escritorio o mesita de noche, como recordatorio de las grandes fuerzas que están en juego.

CÓMO SEGUIR AVANZANDO

Lindsay Mack, lectora de tarot y fundadora de Wild Soul Healing, comparte dos de sus tiradas de tres cartas favoritas, que puedes utilizar para obtener orientación siempre que lo necesites.

UNA TIRADA PARA REVISAR EL ALMA

Carta 1: el momento presente.
Carta 2: el subconsciente.
Carta 3: a qué se me está invitando a prestar atención.

Esta tirada es perfecta para aclarar tanto el mundo exterior como el mundo interior; el macrocosmos y el microcosmos. Nos puede ayudar a conectarnos con el propósito más elevado de nuestra alma y con aquello a lo que se nos está invitando a prestar atención en este momento.

UNA TIRADA PARA PROFUNDIZAR EN LA PRESENCIA

Carta 1: ¿cómo puedo estar más presente conmigo misma?
Carta 2: ¿cómo puedo estar más presente con mis seres queridos?
Carta 3: ¿cómo puedo estar más presente en el mundo que me rodea?

Esta es una tirada preciosa, que puede identificar cómo podemos estar presentes, no solo con nosotras mismas y nuestros seres queridos, sino también con el mundo que nos rodea. Cuanto más nos sumergimos en este tipo de presencia, más rápido podemos convertirnos en agentes de cambio en este planeta, que es nuestro hogar.

DÍA INTERNACIONAL DE LA PAZ

(21 DE SEPTIEMBRE)

La Organización de las Naciones Unidas escogió el 21 de septiembre de 1981 como el Día Internacional de la Paz. Su función es hacer una observación global de la paz para unir a toda la humanidad. Cada año, ciudadanos de países de todo el mundo se reúnen para celebrar el hecho de que, a pesar de nuestras diferencias, todos vivimos en el mismo planeta. Si bien la paloma con una rama de olivo en el pico es el símbolo oficial de este día, preferimos concebir la paz como si fueran los árboles en un bosque: un conjunto de organismos que permanecen firmes uno junto al otro, creando un hábitat tranquilo para todas las criaturas.

Los árboles se parecen mucho a nosotros. En primer lugar, encarnan todos los elementos: tienen raíces que se extienden en la profundidad de la tierra y ramas que llegan tan alto que rozan el cielo. Beben agua y se convierten en combustible para el fuego. Además, los árboles también son muy inteligentes y adaptables, siendo capaces de emitir resinas menos atractivas cuando se mordisquean sus hojas[26]. Y sus habilidades no son egoístas. Los árboles son criaturas sociales y afables, que pueden comunicarse entre sí a través de una red de hongos enterrados bajo el suelo[27]. Suzanne Simard, ecóloga, compara los bosques con un organismo único, conectado por redes biológicas bajo la tierra que parecen infinitas[28]. En este sentido, los árboles también demuestran tener un instinto maternal, ya que son capaces de reconocer a sus propias plántulas y brindarles más atención, redirigiendo incluso su sistema de raíces para dar paso a su descendencia. De hecho, un solo árbol madre puede dar vida a cientos de otros árboles al mismo tiempo.

A pesar de que su comportamiento es similar al de los seres humanos, muchos árboles superan en longevidad incluso a los seres humanos más ancianos. El Matusalén del Bosque Nacional de Inyo, California, que podría traducirse como «lugar donde reside el gran espíritu», tiene 5066 años, y en Suecia, el Old Tjikko, llamado así en honor al perro de su descubridor, ha estado creciendo durante unos increíbles 9550 años. Si bien el Matusalén tiene nudos y parece pelado, y el Old Tjikko parece un árbol de Navidad que se haya tirado, ambos poseen una sabiduría profunda bajo su retorcida apariencia.

Cada una de las sesenta mil especies de árboles que hay en el mundo tiene su propia historia[29]. Desde el árbol frutal que tentó a Adán y Eva hasta el manzano que ayudó a sir Isaac Newton a descubrir la gravedad, el viaje de la humanidad ha estado vinculado a los árboles. A lo largo del tiempo, también hemos confiado en los árboles como marcadores temporales y guardianes sagrados de secretos. Durante los dos años que Anne Frank pasó escondida, convirtió al castaño que veía desde su ventana en un símbolo de libertad y perseverancia[30]. «Nuestro castaño está en plena floración. Está cubierto de hojas y está aún más bonito que el año pasado», escribió en su diario. Desde entonces, se han donado montones de plántulas de castaño a escuelas y otras organizaciones en su nombre. Según una leyenda europea, es imposible decir una mentira bajo un tilo, por lo que los juicios solían celebrarse bajo su copa. Los cazadores solían depender de los sonidos del bosque para conocer la presencia de sus presas, y las culturas indígenas todavía buscan la guía espiritual de los árboles. Algunos incluso afirman haber escuchado cantar a los árboles[31].

Todos trepamos por sus troncos durante nuestra infancia y buscamos refugiarnos bajo su sombra en la edad adulta. Vemos sus hojas como una señal colorida de las estaciones, pero también los talamos y los convertimos en papel para plasmar nuestras ideas. Usamos su savia para endulzar nuestra vida y destruimos bosques con la intención de cultivar más alimentos. La relación que tenemos con los árboles puede ser compleja, pero una cosa es segura: los árboles merecen que los respetemos y, aunque sea solo por un día, que los imitemos.

UN RITUAL DE ENRAIZAMIENTO PARA LA SOLIDARIDAD

Es adecuado que el Día Internacional de la Paz se celebre cuando las hojas de los árboles comienzan a cambiar de color en el hemisferio norte. Este último ritual del verano te invitará a encarnar la energía sabia, solidaria y, sí, pacífica de los árboles en tu camino hacia el otoño.

LO QUE NECESITARÁS DEL EXTERIOR

* ¡Nada!

LO QUE NECESITARÁS DEL INTERIOR

* La voluntad de quedarte quieta durante unos minutos (y verte un poco ridícula) en nombre de la energía.

INSTRUCCIONES

1. Encuentra un lugar al aire libre donde puedas quedarte descalza sobre la tierra, preferiblemente uno donde haya algunos árboles a la vista para que puedas inspirarte.
2. Imita la forma del símbolo del sistema solar (un círculo con una cruz en el medio que lo divide en cuatro secciones, para representar los cuatro elementos) y estira los brazos a ambos lados. Al hacerlo, también imitarás la forma de un árbol, con sus ramas extendiéndose hacia fuera.
3. Aunque quizá te sientas un poco ridícula en esta posición, quédate así mientras sosiegas la respiración. Con tus primeras inhalaciones, imagina que la energía de la tierra sale del suelo, te alimenta y te llena de vida, al igual que lo hace con

los árboles que te rodean. Con cada respiración, visualiza esta energía fuerte, constante y compasiva recorriendo la parte superior de tu cuerpo.

4. Cuando esta energía haya llegado a tu pecho, imagina que se extiende hacia tus brazos. Cuando llegue a tus manos, observa cómo sale de ti y entra en el mundo. Tú eres la guardiana de la amorosa energía terrestre y tu deber como ser humano es extenderla a los demás.

Deja que esta rápida y sencilla visualización te recuerde tu capacidad para inspirar el cambio en quienes te rodean al aprovechar el poder que llevas dentro.

CÓMO SEGUIR AVANZANDO

En su esencia, el trabajo ritual no es egoísta. Al bajar las revoluciones y quedarte en silencio contigo misma, estás aumentando tu capacidad para ayudar a los demás. Podemos llevar esto un paso más allá al practicar rituales con el único propósito de ayudar a las personas y lugares que nos rodean. Aquí tienes algunos rituales orientados hacia el exterior para que te lleves contigo en tu camino:

1. **INICIA UN RITUAL DE OBSEQUIOS**: haz que el último viernes del mes sea un día en el que elijas un pequeño regalo para alguien a quien aprecias, e infúndele un deseo para esa persona antes de entregárselo.

2. **HAZ TUS CENAS CON MÁS GRATITUD**: en cada estación, organiza una cena con amigos y acaba la noche recorriendo la mesa y compartiendo algo que amas de las personas que están sentadas. Continúa hasta que cada persona haya hablado del resto.

3. **ELIGE UN DÍA DE LIMPIEZA**: haz un ritual semanal de limpiar tu vecindario como lo harías con tu hogar, incluso si solo es durante unos minutos. Haz luego una meditación completa, agradeciendo en silencio a la Madre Tierra todo lo que te ha dado.

OTOÑO

Era un brillante y hermoso día otoñal, el aire olía a sidra y el cielo
se veía tan azul que podías ahogarte en él.

— DIANA GABALDON, *OUTLANDER*

EL OTOÑO ES UN PODEROSO MOMENTO DE TRANSICIÓN. Comienza con la madurez del verano y culmina en el día más corto del año. El otoño nos invita a reconocer los frutos de nuestro trabajo, disfrutarlos y luego mirar hacia dentro. A diferencia de la energía constante que caracteriza al verano y al invierno, el otoño es un descenso constante. El espectáculo de las hojas de fuego es la forma en que la Madre Naturaleza nos muestra que incluso las cosas más hermosas no son para siempre; es su último acto antes de dejarlo todo y retirarse hasta la primavera.

Mientras los animales del bosque almacenan alimento para la hibernación y las aves migratorias surcan los cielos en busca de destinos más cálidos, nosotras nos reunimos alrededor de la mesa y brindamos por el año mientras el clima empieza a enfriarse. Dejar atrás la facilidad y la alegría del verano puede darnos un poco de ansiedad a medida que comenzamos a hacer borrón y cuenta nueva para darle espacio al largo invierno que se avecina. En el hogar, el comienzo del otoño es el momento ideal para concluir proyectos a largo plazo y atar cabos sueltos antes de adentrarnos en el abismo reflexivo del invierno.

OTOÑO: UNA HISTORIA

El otoño siempre se ha caracterizado por ser la estación de la cosecha en las regiones del hemisferio norte. Las civilizaciones antiguas celebraron la cosecha con diferentes festivales. Si bien el Día de Acción de Gracias se suele asociar con Estados Unidos, muchas culturas de todo el mundo consideran la gratitud y la reunión familiar unos componentes esenciales de sus rituales de cosecha.

China y Vietnam, por ejemplo, celebran el Festival de la Luna, también conocido como el Festival del Medio Otoño, que tiene lugar en la mitad del octavo ciclo lunar, en la luna llena. Durante este festival, se admira la luna con amigos y familiares, se recitan poemas y se comen pasteles de luna[1]. Si las parejas no están juntas durante esta festividad, hacen una llamada y miran la luna al mismo tiempo. En Japón, Ohigan marca el inicio tanto del otoño como de la primavera. No debe confundirse con Shunbun No Hi, el día del equinoccio de primavera japonés. Ohigan es un período de una semana que abarca tres días antes y tres días después de los equinoccios de primavera y otoño, durante un total de siete días. Llamado así en honor a una flor que florece en otoño, Ohigan es una tradición budista en torno a la meditación y la tranquilidad en la que los japoneses honran a quienes han fallecido visitando sus sepulturas, limpiándolas y decorándolas. La palabra «ohigan» tiene raíces en sánscrito y significa «alcanzar el Nirvana».

Hace miles de años, las mujeres iroquesas, que vivían en lo que hoy día es Norteamérica, hacían muñecas para darle un lugar al «espíritu del grano» después de la cosecha, cuando el maíz y otros cereales se marchitaban y morían[2]. Estas muñecas se confeccionaban con hojas de maíz y usaban las barbas del maíz para hacer las cabelleras ayudando así a asegurar una buena cosecha para el año siguiente. En otras tradiciones, las muñecas de hojas de maíz se hacían después de la cosecha y se les daban a los niños para que jugaran, en un intento por aprovechar todas las partes del maíz.

Los antiguos griegos tienen sus propias explicaciones para el otoño y el invierno. Si pensamos en la primavera (página 143), el regreso de la diosa griega Perséfone con su madre, Deméter, marca el comienzo de un paisaje exuberante. En el otoño, cuando Perséfone regresa al inframundo, bajo su acuerdo con Hades, la tristeza de Deméter se vuelve tan grande que drena la vida de la tierra.

Quizás uno de los elementos más mágicos del equinoccio de otoño (y primavera) es la aurora boreal[3]. Este fenómeno estelar se puede ver desde la zona más septentrional del hemisferio norte en países como Dinamarca, Canadá, Islandia, Groenlandia, Noruega e incluso algunas partes de Estados Unidos. La espectacular exhibición de colores es el resultado de tormentas geomagnéticas atmosféricas de la Tierra, que ocurren el doble de veces en primavera y otoño que en verano e invierno. ¿Qué mejor manera de conectarse que a través de un espectáculo que nos recuerda que todos somos polvo de estrellas?

LA IMPORTANCIA DE LA ESTACIÓN

En la Medicina Tradicional China, el otoño se asocia con emociones como la melancolía, la preocupación y la tristeza, y está relacionado con los pulmones. Son el hogar de la respiración, el único proceso automático del cuerpo que también podemos controlar con la mente (a diferencia, por ejemplo, de la digestión). Los pulmones convierten al otoño en una estación especial. Cuando respiramos hondo, nos llenamos de aire, y esta apertura puede ayudarnos a afrontar las intensas emociones del otoño con el apoyo de la conexión entre nuestra mente y nuestro cuerpo. Podemos utilizar nuestras vías respiratorias para crear espacio no solo en nuestro cuerpo, mente y corazón, sino también en nuestra vida. Por otro lado, el otoño es un momento en el que el sistema respiratorio se enfrenta al aire frío y a los alérgenos propios de la estación (¡hola, ambrosía!), lo que nos hace más susceptibles a las enfermedades que se transmiten por el aire.

En Ayurveda, un sistema que utiliza un lenguaje algo diferente y relaciona los elementos terrestres con las constituciones corporales, el otoño se caracteriza por tener una energía *vata*. «Vata» es la combinación de aire y espacio. Quienes tienen una fuerte energía *vata* suelen ser personas livianas, a menudo frías, nerviosas, caprichosas e irregulares. De más está decir que se necesitan prácticas de enraizamiento para equilibrar esta ansiedad.

RITUAL MODERNO DE OTOÑO

Las celebraciones actuales del otoño rinden homenaje a la generosidad de la cosecha. Pequeños momentos como la recolección de manzanas, disfrutar de una taza de sidra caliente y contemplar el follaje otoñal, junto con lo que posiblemente sea el mayor festín del año, el Día de Acción de Gracias, reúnen a personas de todas las creencias para compartir una comida. No es una coincidencia que muchas festividades centradas en la comida se hagan a medida que los días se vuelven más cortos y fríos. Estos rituales nos recuerdan que no estamos solos, incluso cuando la oscuridad y el frío pueden hacer que hasta el más optimista se sienta de esa manera.

Con el enorme énfasis comercial puesto en Halloween, la celebración ha perdido su significado. Por esta razón, elegimos centrarnos en el Día de Todos los Santos para hacer un ritual, no debido a afiliaciones religiosas, sino porque es importante sentir que el ritual moderno es sagrado.

EL OTOÑO ES UN MOMENTO PARA...

* Celebrar la cosecha y dar las gracias a la Madre Tierra.

* Disfrutar de los regalos de la naturaleza, como el follaje otoñal, las lluvias de meteoritos y la aurora boreal.

* Cambiar los alimentos ligeros por alimentos que nos den energía, como los tubérculos, los cereales y las verduras saciantes.

* Equilibrar la energía *vata* con actividades que nos conecten con la tierra.

* Beber té de hierbas para purificar los pulmones.

* Concluir proyectos a largo plazo para dar espacio a la reflexión y la exploración.

* Respirar profundamente para ayudar a nuestro cuerpo y mente a hacer la transición hacia el tranquilo momento del invierno.

Los rituales del otoño representan la dualidad de la estación. Cada vez que experimentamos un cambio importante en el entorno, como el paso de la libertad de las actividades del verano a una mayor estructura, la disminución de la temperatura y la evolución del paisaje, entre otros, es fácil pasar por alto los cambios internos que ocurren como resultado de todo ello. Lo cierto es que estos cambios suceden, seamos conscientes de ellos o no, y si se mantienen desequilibrados durante mucho tiempo, pueden manifestarse en forma de enfermedades o cambios no deseados.

Al honrar estos cambios terrenales y corporales a través del ritual, nuestra mente y nuestro cuerpo estarán preparados para manejar la transición con facilidad.

EL EQUINOCCIO DE OTOÑO

SABOREA EL ARCOÍRIS

Durante el equinoccio de otoño (y de primavera), las horas de luz y oscuridad son exactamente las mismas. Cada día se acorta minu-

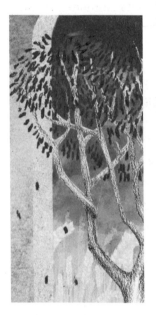

to a minuto hasta llegar al día más corto del año, el solsticio de invierno. Mientras nos adentramos en días con más oscuridad que luz, es importante recordar que el otoño marca el cruce entre celebración y liberación.

¡Y la celebración es lo primero! Nuestros sentidos se deleitan con las vistas, los sabores y los aromas de la generosidad de la Tierra. La Medicina Tradicional China nos invita a disfrutar de las últimas frutas del verano al comienzo del otoño gracias a sus propiedades purificantes. La mitad de la estación es un momento para regalarnos alimentos coloridos, saludables y

ricos en nutrientes, como la calabaza, la remolacha y las patatas. A medida que las temperaturas descienden en el exterior, la sabiduría ayurvédica nos aconseja consumir alimentos calientes: sopas, guisos, estofados y sidra caliente de manzana, para calentarnos desde el interior. Especias cálidas como la canela y la nuez moscada nos adelantan las celebraciones navideñas. Lo creas o no, el ajo es una poderosa hierba curativa que se ajusta bien a la energía del otoño, según la MTC. Se ha demostrado que ingerirlo ayuda a reponer las membranas mucosas de la nariz, la boca y los pulmones, lo cual nos protege de resfriados e infecciones respiratorias.

Muchas de las festividades centradas en la cosecha del otoño, tan alegres al principio, también implican la acción de soltar. Para celebrar la generosidad de la Madre Tierra con un festín estacional, debemos cosechar los frutos de las plantas, lo cual marca el fin del ciclo de fertilidad del año. El otoño comienza con la unión y culmina en la soledad. El magnífico follaje se convierte en ramas desnudas cuando las hojas caen. En lugar de reunirnos alrededor de una fogata bajo las estrellas, la gente se reúne junto a una chimenea en espacios interiores. La energía de la estación nos atrae hacia nuestro propio interior.

UN RITUAL DE COSECHA PARA LA ABUNDANCIA

En la estación del otoño, los agricultores hacen balance sobre lo que ha crecido durante el año. A lo largo de esta estación, deben valorar qué tiene la madurez suficiente para ser cosechado, qué deben dejar para más adelante y qué debe esperar hasta el próximo año.

Nuestra vida sigue una línea temporal similar: el otoño trae consigo un auge de actividad seguido de la sensación de acomodarse y resguardarse. Es el momento para hacer inventario. ¿Qué cosas han rendido sus frutos y cuáles no? ¿Qué semillas desearías haber plantado ahora que lo ves en retrospectiva? ¿Qué proyectos cultivaste y maduraron y cuáles no? Con este ritual, te invitamos a tomarte unos minutos para pensar en estas preguntas y celebrar la cosecha de tu vida.

LO QUE NECESITARÁS DEL EXTERIOR

* Objetos que te recuerden tus logros.
* Un altar u otro lugar especial para exhibirlos.
* Un bolígrafo.
* Papel.

LO QUE NECESITARÁS DEL INTERIOR

✳ Una lista mental (o física) de todo lo que conseguiste este año.

INSTRUCCIONES

1. Toma bolígrafo y papel y siéntate cerca de tu altar o en un lugar cómodo y tranquilo donde nadie te interrumpa durante quince o veinte minutos.

2. Dedica un tiempo a reflexionar sobre los momentos más importantes de este año. Recuerda las intenciones que estableciste en enero y observa qué tuvo sus frutos y qué has dejado atrás. Por otro lado, observa si algo bueno se ha cruzado en tu camino sin que lo hayas pedido. Puede ser cualquier cosa: un libro que hayas leído, una salida nocturna inolvidable, un merecido ascenso o haber podido decirle «no» a alguien. Anota cualquier experiencia que te haya hecho sentir bien. No te preocupes por organizarlas en ningún orden concreto.

3. A partir de esta lista, selecciona los cinco momentos que te hagan sentir más alineada con la persona que deseas ser.

4. Utiliza esta selección para reunir cinco objetos que te recuerden esos momentos especiales y colócalos en tu altar o en un lugar donde puedan estar a la vista. Esto representará tu cosecha personal, ya sea que provengan de metas que te hayas propuesto o hayan llegado a ti sin haberlo pedido.

5. Practica recibir con gratitud y entender que lo que tienes frente a ti es suficiente. Recuerda que esta estación del otoño en particular fomenta la abundancia. Acéptala con gratitud.

CÓMO SEGUIR AVANZANDO

Judy Choix es una consejera de salud mental del estado de Nueva York que está especializada en terapia Gestalt y psicoterapia corporal, así como también es la fundadora de Full Gestalt. Cree firmemente que el cuerpo posee la sabiduría para sanarse a sí mismo y su

práctica combina la terapia de conversación con el trabajo energético, para facilitar una toma de conciencia sobre los patrones de energía disfuncionales tanto del cuerpo como de la mente.

Celebrar tu propia cosecha puede ser más complicado de lo que parece. De hecho, muchas de nosotras tenemos dificultades para recibir y para sentir que lo que hemos conseguido en un año es suficiente. Hablamos con Judy sobre la práctica de enraizamiento y cómo puede llevarnos, en

términos energéticos y luego físicos, a un cambio en la forma en que interactuamos con el mundo.

La energía tiene una estructura natural que, cuando recibe el apoyo adecuado, fluye y se mantiene conectada. Nos desconectamos o desajustamos cuando pasamos demasiado tiempo en nuestra mente, con la tecnología o nos vemos sumidas en otros patrones destructivos. El enraizamiento es una práctica que puede promover hábitos más saludables y prevenir que caigamos en viejos patrones. Los beneficios del enraizamiento incluyen una mayor claridad mental y emocional, la reducción del estrés y una sensación general de bienestar. En mi experiencia, la práctica diaria no solo regulará el sistema, ¡también revitalizará tu energía!

La siguiente meditación te llevará veinte o treinta minutos y se puede hacer sentada o de pie, tanto en el interior como en el exterior. Encuentra un espacio tranquilo y experimenta con lo que te funcione mejor. En mi caso, he observado que los efectos de este trabajo son acumulativos, lo que significa que cuanto más repitas este ejercicio, más rápidos e intensos serán los resultados.

1. Ya sea que estés sentada o de pie, busca una postura en la que tu columna vertebral esté recta y las plantas de los pies estén «enraizadas» en la tierra (preferiblemente, sentada en una silla en lugar de cruzar las piernas). Esta postura permite que tus energías fluyan, así que asegúrate de sentirte cómoda.

2. Cierra los ojos y coloca una de tus manos en el corazón y la otra en tu abdomen bajo. Respira por la nariz, lenta y profundamente. Siente cómo tu abdomen se expande al inhalar y se relaja al exhalar. Hazlo durante un par de minutos, hasta que se vuelva algo rítmico y natural. A medida que incorporas el diafragma en la respiración abdominal, imagina que la tensión se libera de todos tus músculos. Observa cómo te sientes.

3. Comenzando desde la coronilla de la cabeza, dirige tu atención hacia tu cabeza, cara, garganta, pecho, brazos y luego hacia abajo, hasta que hayas «tocado» todas tus partes con el ojo de tu mente. Invita a tus energías en estas áreas a descender hasta que tengas la atención en tus pies.

4. Imagina que de tus pies salen unas raíces que se extienden hacia el centro de la Tierra, que pasan con facilidad a través del cemento, la roca madre y más allá.

5. Cuando llegas al centro de la Tierra, un gancho rojo se forma en el extremo de estas raíces y se agarra al centro de la Tierra. Aquí te sujetan y te apoyan. Sientes que nada puede derribarte. Imagina que eres como un árbol, puedes mecerte con el

viento, pero el amor de tus raíces te mantiene sujeta. Comienza a identificar cualquier cosa que no te ayude o no sea necesaria en tu vida.

6. Deja que estas energías abandonen tu cuerpo mientras estás conectada a la Tierra. Libérate de la ansiedad, el juicio y la ira. Tómate el tiempo que necesites para liberar las energías que sobran. Observa cómo te sientes.

7. Cuando estés lista para terminar, hazlo lentamente, sabiendo que el enraizamiento te acompaña y está disponible para ti adondequiera que vayas.

LA PRIMERA LUNA NUEVA DEL OTOÑO

TÓMATE UN RESPIRO

Las estaciones del año imitan las fases de la respiración. El invierno es una contención, la primavera es una inhalación, el verano es una pausa plena y grávida, y el otoño es una exhalación.

Durante esta estación, las hojas caen, se cosechan las frutas y verduras, y el aire se vuelve fresco, lo que nos indica que exhalamos y soltamos a fin de prepararnos para el invierno. A nivel simbólico, el otoño nos lleva a reconocer nuestros logros y cambios más importantes. Nos pide que atemos los cabos sueltos en cualquier cosa que aún esté pendiente y luego soltarla. Si el invierno es un momento para reflexionar sobre lo que queremos de la vida, el otoño es una limpieza que, si bien es compleja, nos permite avanzar hacia el invierno con una carga más ligera y una mente más espaciosa. Como ya hemos dicho los pulmones desempeñan un papel importante en el otoño y una de las formas más efectivas de liberar la energía estancada es a través de una poderosa respiración.

En la Medicina Tradicional China, los pulmones y el intestino grueso están relacionados con el otoño. A medida que las temperaturas descienden, las personas se vuelven más propensas a resfriarse y sufrir infecciones respiratorias y alergias. Por eso, cuidar de una misma y de la salud es fundamental para mantener los pulmones en óptimas condiciones. Curiosamente, junto con el intestino grueso, la piel y los riñones, los pulmones son un órgano de eliminación; ayudan a liberar al cuerpo de dióxido de carbono, toxinas y patógenos.

La respiración del brillo de cráneo, o *kapalabhati*, es una forma de salir del estancamiento, ventilar los pulmones y aportar una nueva claridad a una mente nublada. Es un ejercicio de respiración poderoso y que desintoxica. *Kapalabhati* consiste en una serie de exhalaciones cortas y agudas por la nariz que activan el diafragma. En la inhalación, el abdomen se relaja y se dilata, y en la exhalación, este se contrae hacia la columna para forzar la salida del aire. Los yoguis creen que esta respiración purifica el cuerpo y la mente, oxigena la sangre, masajea los órganos internos y libera el estrés acumulado. De esa manera, funciona como el complemento perfecto para la liberación de la estación de la cosecha.

Aunque el término *kapalabhati* a menudo se utiliza indistintamente con «respiración de fuego», no son lo mismo. La exhalación en *kapalabhati* es más larga que la inhalación, y la inhalación es pasiva. En la respiración de fuego, las respiraciones tienen la misma duración y la inhalación es más activa.

UN RITUAL DE RESPIRACIÓN CONSCIENTE PARA ATRAER GRANDES CAMBIOS

La luna nueva simboliza nuevos comienzos y, en el contexto de la estación de la cosecha, te invita a atar cabos sueltos, acabar proyectos y prepararte para la recuperación de los meses más fríos. En este contexto, la primera luna nueva del otoño es un momento poderoso para combinar la respiración con la intención.

Si eres nueva en la respiración consciente, siéntete libre de experimentar y hacerlo a tu ritmo. Además, si estás embarazada o crees que podrías estarlo, estás en los primeros días de tu ciclo menstrual o simplemente has comido en exceso, evita este ejercicio. En lugar de eso, respira profundamente durante el ritual y sigue las instrucciones.

LO QUE NECESITARÁS DEL EXTERIOR

* Un lugar cómodo donde sentarse (puede ser un taburete, una manta o una silla).
* Una prenda blanca.

* Tu diario.
* Tu bolígrafo o instrumento de escritura favorito.

LO QUE NECESITARÁS DEL INTERIOR

* La habilidad de mantener la concentración.
* Respetar tus límites.
* Estar preparada para dejar ir aquello que no te sirve.

INSTRUCCIONES

1. Ponte una prenda blanca. No solo es el color del otoño según la Medicina Tradicional China, sino que también simboliza la pureza, la luminosidad y un nuevo comienzo. En la tradición del yoga Kundalini, Yogi Bhajan, uno de sus prominentes maestros, dijo que vestir de blanco puede aumentar tu campo áurico radiante en un pie al menos. Nos quedamos con eso.

2. Siéntate cómoda sobre un bloque, una manta, en la postura de héroe o en una silla. *Kapalabhati* es estimulante, así que asegúrate de que puedas relajarte y tener un apoyo donde sea que estés. Si te sientes mareada, aturdida o sin aliento en algún momento, siéntete libre de tomar un descanso y continuar cuando estés lista.

3. Piensa en tres cosas en tu vida que ya no te sirven. Como las hojas que caen, libera lo que ya no necesitas. Escríbelo en tu diario antes de comenzar tu práctica de respiración.

4. Inhala por la nariz y deja que tu abdomen se dilate. Exhala y deja que el aire salga por la boca. Haz esto dos veces más para prepararte.

5. Coloca las manos con las palmas hacia abajo sobre los muslos, como señal de enraizamiento. Inhala hasta la mitad de tu capacidad y exhala con fuerza por la nariz, contrayendo el abdomen. Inténtalo varias veces antes de empezar en serio. Si

te concentras en las exhalaciones cortas y agudas, tu inhalación debería fluir sin esfuerzo.

6. Cuando te hayas acostumbrado, realiza dos rondas de treinta exhalaciones cortas y agudas, y haz una respiración entre cada una de ellas. En la última respiración de cada ronda, inhala profundamente y lleva las manos por encima de tu cabeza en posición de rezo. Mantén la respiración durante tres segundos, toma tres inhalaciones de aire más por la boca y exhala, dejando que el aire salga por la nariz mientras llevas las manos de vuelta a la parte superior de los muslos, con las palmas hacia arriba en señal de receptividad.

7. Después de dos rondas de *kapalabhati*, respira con normalidad durante un minuto y vuelve a tu estado natural. Observa cualquier cambio: ¿sientes alguna diferencia en tu mente y tu cuerpo? Escribe cualquier visión, revelación, pensamiento (no hay buenos ni malos) o cualquier cosa de la experiencia que desees liberar.

Este ejercicio es un excelente ejemplo de la poderosa capacidad que tenemos para crear nuestra propia realidad. Con un momento basta para cambiar nuestra energía. Mientras respiras, ten en cuenta que estás saliendo del estancamiento a través del cuerpo. Es posible que sientas hormigueo, mareo o estés un poco aturdida. Es normal. Siéntete libre de tomarte unos minutos para respirar con normalidad y luego regresar a la práctica.

CÓMO SEGUIR AVANZANDO

Si deseas comenzar o mejorar tu práctica de respiración, Ashley Neese, maestra de la respiración, comparte sus tres mejores consejos y trucos para ayudarte a mantenerla.

1. **EMPIEZA DONDE ESTÁS**: cuando se trata de respiración consciente, es normal que al principio te preocupe si lo estás haciendo correctamente. Aquí tienes algunas sugerencias para ayudarte a calmar la mente y comenzar a practicar:

   * Encuentra un lugar cómodo para practicar con la menor cantidad de distracciones posibles.

   * Configura un temporizador de cinco minutos.

   * Dirige tu atención hacia tu respiración y respira lentamente, inhalando y exhalando por la nariz.

   * Cuando estés lista, comienza con la técnica de respiración concreta que estés explorando.

   * A medida que tomes conciencia de tus pensamientos, vuelve lentamente a tu práctica de respiración consciente.

   * Cuando suene la alarma, termina la práctica pensando en algo por lo que te sientas agradecida.

2. **TÓMATELO CON CALMA**: siempre es mejor comenzar despacio e ir construyendo la práctica de respiración consciente con gradualidad. No hace falta apresurarse, ya que la práctica evoluciona a la par que nosotras y seguirá progresando con el tiempo. Para prepararte para el éxito, incluso con prácticas más activas como el *kapalabhati*, es recomendable establecer un ritmo que no te abrume y que genere calor y energía a lo largo de varias rondas de práctica. Repite la práctica un par de veces por semana, y dirígete gradualmente hacia una práctica diaria. Si un día te olvidas o no puedes hacerlo, sé amable contigo misma y empieza de nuevo.

3. **MANTÉN LA CONSTANCIA**: cuando encuentres el ritmo de la práctica, reserva un poco de tiempo para hacerla todos los días. Los beneficios más importantes de la respiración consciente radican en practicar con dedicación y regularidad. Cuando se hace con constancia, la respiración consciente puede mejorar la claridad mental, reequilibrar el sistema nervioso y estabilizar las emociones. Es maravilloso todo lo que puedes aprender sobre ti misma cuando te comprometes a practicar con regularidad.

LA PRIMERA LUNA LLENA DEL OTOÑO

COSECHA LA LUZ

La luna llena de la cosecha se presenta en septiembre u octubre, la que esté más cerca del equinoccio de otoño[4]. A diferencia de cualquier otra luna llena, la luna de la cosecha aparece rápidamente después de la puesta del sol e ilumina el cielo en una noche despejada. (Cuando el sol se ha puesto, la luna llena suele tardar cincuenta minutos en aparecer, pero la luna de la cosecha lo hace en solo treinta minutos, o incluso menos, durante varias noches seguidas). Tiempo atrás, antes de que los agricultores tuvieran acceso a la electricidad, esta inundación de luz lunar les permitía trabajar en los campos recolectando la cosecha de la estación, por lo que de ahí proviene el nombre. Aunque pueda parecer insignificante, cuando las horas de luz del día son escasas, esta luz adicional resulta de gran ayuda.

Según los astrónomos, la luna de la cosecha se produce porque la eclíptica (una especie de línea imaginaria en el sistema solar que sigue la órbita del Sol, la Luna y la Tierra) crea un pequeño ángulo al atardecer[5]. En las latitudes más septentrionales del hemisferio norte, se observa cómo la luna asciende aún más rápido, en tan solo quince minutos, mientras que este efecto se minimiza al sur.

Las lunas llenas, en especial las de otoño, representan una oportunidad para liberar aquello que ya no nos sirve. Y el simple acto de tararear puede ayudarte a conseguirlo. Así es, tararear es una manera muy sencilla de encontrar la calma a través del sonido, lo que nos permite transformar nuestro estado energético frenético, disperso o estresado, que suele ser muy común durante el otoño, y recuperar un equilibrio saludable.

Buenas vibraciones

Existen evidencias científicas del poder sanador del sonido. De acuerdo con una investigación realizada por la Escuela de Medicina de Harvard, las vibraciones de la música ayudan a las personas a recuperarse con más rapidez tras someterse a una cirugía, mejoran la calidad de vida de quienes padecen demencia, alivian el dolor y aceleran la recuperación de aquellos pacientes que han sufrido accidentes cerebrovasculares y cáncer[6]. Según investigaciones previas, el poder curativo de las frecuencias vibratorias también actúa en los pacientes que padecen fibromialgia, que pudieron soportar más presión física en puntos débiles que aquellos que recibieron placebos[7]. Los pacientes que se sometieron a una cirugía a corazón abierto y recibieron terapia fisioacústica (frecuencias vibratorias bajas) necesitaron menos medicación tras la cirugía, pasaron menos días en recuperación y no dependieron tanto del respirador como aquellos que no recibieron vibraciones[8]. Cuando las personas tararean juntas, las neuronas del cerebro se sincronizan más que cuando cantan juntas[9].

Incluso existe la teoría de que el tarareo surgió en primer lugar para mantener la conexión entre madre e hijo, lo que demuestra su potencial y capacidad ilimitados para calmar[10]. En otros textos académicos se considera que el sonido del tarareo es, de hecho, energía creativa en manifestación[11].

Dado que el tarareo ha demostrado ser tan reconfortante para el sistema nervioso, si intentas hacerlo durante una situación estresante, como de camino al trabajo un lunes por la mañana, justo antes de una presentación importante o en cualquier otro momento en que te sientas abrumada, puede ayudarte a que te conectes con la tierra.

Si consideras un tanto extraño tararear en voz alta cuando estás sola o frente a otras personas, ten en cuenta que no eres la única. Gran parte del autocuidado implica explorar actividades que puedan estar fuera de tu zona de confort para conocerte mejor y observar tus reacciones, pero es fundamental que te trates con amabilidad y evites juzgarte. Si te sientes un poco ridícula (a todas nos pasa de vez en cuando), recuerda que es algo temporal y que contribuirá a una curación más profunda.

UN RITUAL DE TARAREO PARA ENTRAR EN SINTONÍA

Si te cuesta escuchar tu intuición, crear tu propio sonido puede ser una forma útil de conectarte contigo misma cuando todo hace ruido a tu alrededor. Podemos utilizar el tarareo como una herramienta para pasar de una mente activa a una mente receptiva o práctica, y así abrirnos a la energía de la luna llena. Sumerjámonos en un ritual de tarareo que te ayudará a encontrar claridad con la ayuda del brillante cielo nocturno.

LO QUE NECESITARÁS DEL EXTERIOR

* Un lugar cómodo donde sentarte.
* Ropa suelta y cómoda.

LO QUE NECESITARÁS DEL INTERIOR

* Un corazón receptivo.
* La valentía de escucharte a ti misma y a tu propio sonido.

INSTRUCCIONES

1. Encuentra un lugar tranquilo donde puedas estar cómoda y sentarte sin interrupciones durante unos cinco minutos. Este ritual es igual de efectivo que eficiente.

2. Imagínate a ti misma en tu mente y luego comienza a deconstruir esa imagen. ¿De qué colores, olores, temperaturas, texturas y otras cualidades estás hecha? ¿Eres oceánica o estás hecha de desierto o de flores?

3. Siente que la imagen que hay en tu mente es diferente a aquella donde quieres estar el próximo año. Esto puede ayudarte a determinar lo que te gustaría manifestar para el próximo año y aclarar lo que hace falta para conseguirlo.

4. Ahora que has hecho una lluvia de ideas, imagina con claridad las cualidades necesarias. Si decidiste que tu elemento es el fuego, entonces siente el calor. Si tu sabor fue la menta, huélela y saboréala. Si querías manifestar abundancia, quizás hayas elegido el color verde. Elige de tres a cinco cualidades en las cuales concentrarte y llévalas a tus sentidos.

5. Mientras estás sentada, deja que una de esas cualidades se haga presente. En lugar de elegirla, deja que ella te elija a ti. Escucha aquello que quiere ser escuchado.

6. Con un enfoque único y claro, sella tus labios y haz una respiración profunda y exhala por la nariz. Repítelo varias veces.

7. En tu próxima inhalación, involucra tu bajo vientre y comienza a tararear. Tararea en tus colores, olores, sabores y texturas. Esto te ayudará a traducir el sonido y encontrar tu frecuencia. No tengas miedo de jugar si al principio no te sientes cómoda.

8. Cuando hayas encontrado tu frecuencia, haz algunas rondas de respiración abdominal y comienza a tararear una vez más.

9. Para acabar con la práctica, sigue imaginando y enfócate en una sola cualidad. Toma un cristal u otro objeto simbólico y cárgalo en tu alféizar con la energía de la luna llena de la cosecha de esta noche. Que sea un recordatorio de la realidad que deseas y de la persona en la que quieres convertirte.

Con independencia de cómo sea tu sonido, haz todo lo posible para no juzgarte, para así eliminar tu ego del ejercicio y permitir que tu cuerpo comience a sanarse a sí mismo.

CÓMO SEGUIR AVANZANDO

Sara Auster, terapeuta de sonido y facilitadora de baños de sonido, es una de las más solicitadas del mundo y dirige entrenamientos e inmersiones de sonido en todo el planeta. A continuació compartirá contigo una técnica de escucha profunda de cuatro pasos que puedes utilizar para sintonizar con el ruido ambiente.

1. **CIERRA LOS OJOS Y ESCUCHA**: intenta percibir los sonidos tanto dentro de la habitación como fuera de ella. Aunque al principio algunos te parezcan molestos o no sean especialmente agradables, dirige tu atención a ellos. Dales espacio y acéptalos tal como son. Si has decidido incluir música o el sonido de cualquier instrumento, como cuencos tibetanos o un gong, concéntrate en él y en la impresión que deja en la habitación después de desvanecerse.

2. **PRESTA UN POCO DE ATENCIÓN A TU RESPIRACIÓN**: deja que el sonido sea un aspecto secundario de la práctica. Lleva a tu mente a los creadores de estos sonidos y abraza el sonido como parte de ella.

3. **SÉ CONSCIENTE DEL ESPACIO QUE TE RODEA**: deja que tu percepción se extienda al espacio que hay delante de ti, detrás de ti y a los lados, incluso hacia arriba y hacia abajo. Permítete sentir cómo se expande tu mente por todo el espacio que te rodea e, incluso, fuera de la habitación.

**4. DEJA QUE LOS SONIDOS TE CONECTEN CON EN EL MOMENTO PRE-
SENTE**: intenta no juzgar lo que escuchas ni analizar los sonidos; simplemente escucha, observa y experiméntalos. Si
empiezas a sentirte inquieta o impaciente, acepta esos sentimientos pero no reacciones a ellos. Sigue haciéndolo durante al menos cinco minutos y observa cómo cambia tu
conciencia desde el inicio de la práctica hacia un estado de
mayor tranquilidad y relajación.

DÍA DE MARCAR LA DIFERENCIA

(28 DE OCTUBRE)

DILO EN VOZ ALTA

Un mantra es como una cadena de sonidos, ya sean sílabas, palabras aisladas o toda una frase; es algo sagrado y poderoso.

Se ha sugerido que los mantras son aún más antiguos que el propio lenguaje. Esta antigüedad implica, sin duda, una historia rica y repleta de misterios, aunque la mayoría de las fuentes sostienen que el mantra más antiguo que conocemos proviene de las meditaciones védicas que practicaban los hindúes de la India hace más de tres mil años. Hoy en día, los mantras se utilizan en diversas religiones durante la adoración, en la práctica del yoga y en ceremonias rituales para alterar nuestra conciencia y adentrarnos en una mente desprovista de pensamientos, donde reside la plenitud del momento presente.

No hay tantos estudios acerca de los mantras en comparación con los que existen sobre la meditación. No obstante, se ha demostrado que la combinación de mantras y meditación puede reducir la presión arterial en los pacientes que sufren hipertensión, lo cual sugiere que este dúo podría ser tan poderoso como la medicación en algunos casos[12].

Entre los mantras que se enseñan en la meditación hoy en día se incluyen «om», «soham», «shanti» y «sat nam». Uno de los principales dilemas en la filosofía de los mantras radica en su significado. ¿Alguna vez has experimentado la sensación en la que, tras repetir una palabra una y otra vez, comienza a perder su significado? El término que se acuñó para eso es «saciedad semántica» o «saturación semántica». Facilita un estado de enfoque consciente, en el cual puedes sumergirte en la plenitud del momento presente y disfrutar del sonido del mantra sin quedar atrapada en su significado. La mayoría de los maestros y practicantes experimentados insisten en que no debes averiguar el significado de tu mantra, ya que hacerlo podría interferir con su propósito de devolverte al aquí y ahora.

El significado de los mantras

Om: se pronuncia como *a-u-m*, se considera el sonido universal, sin palabras[13]. Cuando se canta, suena más como «ah» «oh» o más «mmm» que «om». La «a» representa el estado de vigilia y proviene del abdomen y la parte posterior de la garganta. La «u» simboliza el estado de los sueños y resuena en el paladar suave de la boca. La «m» vibra a través de los labios y la nariz, y representa el estado de sueño profundo.

Soham: en sánscrito, «so» significa «yo soy» y «ham» significa «él» o «eso», lo que hace referencia a lo grande, a lo divino. Cuando se usa en meditación, este mantra busca conectarte con el universo. Puede cantarse o vincularse a la inhalación (en «so») y a la exhalación (en «ham», que suena como «hum»).

Shanti: Shanti es la palabra sánscrita para «paz» y a menudo se canta al final de una práctica de yoga o como parte de una oración más larga. «Shanti, shanti, shanti» es una oración por la paz.

Sat Nam: este mantra deriva del yoga Kundalini[14]. «Sat» significa «verdad» y «nam» significa «nombre», por lo que puede traducirse como «la esencia verdadera». Decir *sat nam* a otra persona es un reconocimiento de la divinidad que hay dentro de ella.

En algunas tradiciones, como la meditación trascendental, un maestro te susurra un mantra al oído y pasa a ser solamente tuyo. Para practicarlo, debes recibirlo de un maestro. Aunque esto ha resultado efectivo para muchas personas, creemos que hay más de una forma de encontrar un mantra. Observa esta historia personal de Lindsay:

Desde que tengo memoria, me intrigaban los mantras que veía en Instagram, colgados en las paredes de estudios de yoga y escritos en libros de autoayuda.

«Eres hermosa». «Eres suficiente». «Eres perfecta».

No conseguía entender cuál era la gran revelación. ¿Qué fuerza invisible me impedía sumarme a esto? Si estas frases empoderaban a mujeres a las que admiraba, ¿por qué no me funcionaban a mí? Estas preguntas resonaron en mi mente durante mucho tiempo y eso que, como editora de contenido de bienestar y yogui, mi vida estaba repleta de mantras.

Una persona cercana a mí me sugirió que quizás era porque yo necesitaba escuchar estos mantras por mis propios medios y que tenía que recorrer mi propio camino. Estuve de acuerdo, ¡por supuesto!

«Es obvio», dije. «Cualquier persona que practique con regularidad sabe que siempre hay algo nuevo por descubrir y admito que soy una obra en construcción». Pero, sin importar cuántas veces reflexionara sobre si me hacían sentir identificada, esos mantras seguían pareciéndome poco auténticos.

Al mismo tiempo que me surgió este dilema, me empezó a costar la meditación regular. No podía quedarme quieta como antes. Siempre había un teléfono que responder, una red social que consultar, una lista de cosas pendientes que atender, una forma más «productiva» de pasar mi tiempo a solas o algo urgente que requería mi atención. Sentarse siempre era la última opción. Una mañana, mientras hacía ejercicio (todavía sin quedarme quieta...), me pregunté a mí misma: «¿Por qué no puedes quedarte quieta por tus propios medios, sin la guía de otra persona?». En ese momento no pude responderme, pero sabía que podría analizarlo la próxima vez que tuviera la oportunidad de meditar.

Más tarde, ese mismo día, surgió la oportunidad. Tenía un buen rato para sentarme y tuve la tentación de agarrar el teléfono, pero me detuve: «¿Por qué no estás sentada?». Y, entonces, llegó la respuesta: mi mayor obstáculo siempre había sido que no tenía la preparación necesaria para hacer mi propia práctica, pero ahora soy profesora de yoga, tengo formación en meditación y trabajo con la respiración y la introspección. Se terminaron las excusas. «¿Por qué otro motivo no estás sentada?». ¡Y llegó el momento de la revelación! Era porque, cuando me sentaba, me sentía atrapada. No tenía a dónde ir y tenía que entretenerme a mí misma.

Al mirar fotos en Instagram, lo que hacía en lugar de sentarme, era seguir y seguir por cualquier camino hasta que la próxima distracción reclamara mi atención. O podía pasarme horas respondiendo correos electrónicos. Me distraía comprando, comiendo, leyendo, escuchando pódcast, incluso moviéndome. Y así, de repente, lo comprendí. A través del consumo, pensé que había descubierto la libertad.

En realidad, la perseguía como si fuera la vieja y tentadora zanahoria que se balancea frente al burro.

A menudo, esa misma sensación de estar atrapada ocurría cuando me sentaba a escribir textos largos o a crear. Dada la cantidad que hay de libros, artículos y ensayos sobre bloqueos creativos, productividad y cómo conseguir cosas, es obvio que el miedo a quedarnos solas con nosotras mismas y nuestros pensamientos es bastante habitual. ¡Incluso sucede en situaciones en las que elegimos estar presentes! La próxima vez que tu mente divague (o tu dedo se deslice por la pantalla), pregúntate por qué no estás en el aquí y ahora.

Para ayudarme a estar en el momento presente, creé un mantra personal: «En este momento, soy libre». Cada vez que evitaba algo que sabía que podía hacer, ya fuera trabajo, una conversación difícil o una meditación, me recordaba mi libertad. Las afirmaciones que mencioné antes no me parecían auténticas porque no resonaban con mi propia historia. Para que un mantra personal tenga impacto, no puede forzarse.

UN RITUAL DE AFIRMACIÓN PARA EMPODERARSE

Hoy celebramos el Día de Marcar la Diferencia, una jornada nacional de servicio en Estados Unidos. Tomemos esto como una señal para abordar algunos de nuestros hábitos menos productivos mediante el uso de mantras, de manera que podamos enfrentarnos al mundo más preparadas para ayudar a los demás.

En la jerga contemporánea del bienestar, la palabra «mantra» también ha adoptado el significado de «frase personal de cada persona», de forma que se cruza al territorio de las afirmaciones. Las dos cosas tienen poder y significado, y este ritual te mostrará cómo puedes diseñar un mantra personal que te haga sentir empoderada y auténtica.

LO QUE NECESITARÁS DEL EXTERIOR

✳ Un hábito que quieras cambiar.

LO QUE NECESITARÁS DEL INTERIOR

✳ Una mente y un corazón abiertos que te permitan revelar una capa.

INSTRUCCIONES

1. Identifica un comportamiento que no te guste y que te impida hacer algo que deseas. Cuando lo hayas identificado, asienta esta idea: la próxima vez que esto suceda, me detendré.

2. Y, cuando suceda nuevamente, detente. Observa y pregúntate a ti misma qué estás intentando conseguir. ¿Qué estás evitando? (Lo más probable es que lo sepas en lo más profundo de tu ser). Eso será la base de tu propio mantra.

3. Tras conocer lo que estás evitando con este comportamiento, comienza a reflexionar sobre lo que buscas con él. Yo estaba evitando estar a solas con mis pensamientos y creía que buscaba libertad. Pregúntate a ti misma si eso es cierto. Por ejemplo, en mi caso, ¿encontraría la libertad comprando otro café con leche? ¿O comprando otro suéter? ¿Dónde encuentras realmente lo que buscas?

4. Tras esta breve investigación, crea la base de tu propio mantra personal con aquello que deseas. Añádele lo que sabes que es verdadero. En mi caso era la libertad: quería recordarme a mí misma que elijo meditar y que soy libre en ese momento. Así que se me ocurrió «En este momento, soy libre», que me recordaba que, incluso cuando no me siento libre, todavía tengo el control sobre mis elecciones.

Escribe tu mantra en algún lugar y no lo olvides. Revísalo y ajústalo cuando lo necesites. ¡Es todo tuyo!

CÓMO SEGUIR AVANZANDO

Hay muchos momentos, como la repetición de mantras, que pueden llevarnos a un estado meditativo. Sin embargo, es importante distinguir entre estar en un estado meditativo y estar en meditación activa. Desde nuestra perspectiva, la meditación es un estado activo que implica cuidar el nuestro interior y cimentar nuestra atención, que a menudo está fragmentada. A continuación te presentamos un par de técnicas de meditación que funcionan bien combinadas con mantras. Pruébalas para ver si se ajustan a tus rituales y rutinas.

* **MEDITACIÓN TRATAKA**: si necesitas un pequeño impulso para enfocarte, esta técnica puede ser la adecuada para ti. «Trataka» significa «mirar fijo» en sánscrito. En esta meditación, se suele mirar una vela durante un período prolongado sin pestañear. Comienza con unos tres minutos y evita pestañear. Al cabo de ese tiempo, cierra los ojos e imagina el objeto que hay en tu mente. En teoría, esto se puede hacer con cualquier objeto, pero se suele utilizar la llama de una vela. Si padeces de cataratas, glaucoma, miopía, astigmatismo o epilepsia, evita la práctica de Trataka.

* **MEDITACIÓN DE ATENCIÓN PLENA**: esta herramienta resulta excelente para principiantes, pero también para personas con experiencia. La meditación de atención plena empieza con la simple conciencia de tu respiración, que puede ser el foco principal durante la meditación. Si te entra ansiedad, puedes observar los pensamientos mientras pasan por tu conciencia. Eres un simple testigo de esos pensamientos, no te involucres en ellos. Cuando te sientas cómoda con esto (si eres novata en la meditación, esto puede llevarte varios intentos), avanza a la siguiente fase: etiquetar los pensamientos. A medida que surjan, ponlos en categorías generales,

como «trabajo», «relaciones», «creatividad», «dinero», «hogar», «familia», etc. Son solo algunos ejemplos, ya que las categorías variarán según la persona. Esta técnica está diseñada para proporcionarte información sobre qué cosas ocupan tu mente. Es una técnica avanzada, ya que no está destinada a sentirse como un esfuerzo.

SAMHAIN

CERRAR EL CÍRCULO

En esta época del año, se dice que el velo que separa la vida terrenal de la vida después de la muerte se vuelve más delgado. No es de extrañar  que Samhain, Halloween, el Día de los Muertos y el Día de Todos los Santos, festividades arraigadas en la celebración y el homenaje a quienes han fallecido, caigan en otoño. Si la idea de comunicarse con los muertos te resulta interesante, el final de octubre y el comienzo de noviembre son los momentos adecuados para intentarlo.

El Día de los Muertos es una festividad mexicana que abarca tres días, del 31 de octubre al 2 de noviembre. Durante este tiempo, adultos y niños crean altares, visitan las tumbas de sus seres queridos fallecidos, llevan ofrendas de dulces y comida, y los honran con comidas, desfiles y reuniones. El Día de Todos los Santos, que se celebra el 1 de noviembre, es una festividad cristiana para conmemorar a todos los santos fallecidos con un festín en su honor. Y luego tenemos Halloween, que en realidad tiene sus raíces en Samhain (se pronuncia «SAH-en»). Samhain tiene sus orígenes en la tradición gaélica y solía marcar el inicio del invierno y el fin de la estación de la cosecha[15].

Samhain era una ocasión rica en rituales. Dado que la gente creía que los espíritus venían de visita durante este período, se tomaban precauciones adicionales: algunos se ponían la ropa al revés y llevaban consigo sal para ahuyentar a los espíritus no deseados, o simplemente se quedaban cerca de sus hogares y evitaban salir solos en la oscuridad. Durante la cena, las familias preparaban la mesa para que los difuntos pudieran visitarlos y jugaban a diferentes juegos. De hecho, la tradición de morder la manzana en Halloween se originó en Samhain, ya que las manzanas estaban relacionadas con el reino espiritual y la inmortalidad. Luego estaba la costumbre de Samhain de «disfrazarse», que dio lugar al famoso «truco o trato». En aquellos tiempos, las personas se disfrazaban y visitaban las casas de sus vecinos cantando o recitando canciones a cambio de ofrendas destinadas a los espíritus. ¿Te suena familiar? Otros rituales de Samhain incluían la adivinación, que se considera la forma de magia más antigua[16]. Guiadas por la energía de los espíritus que podían ver el futuro, durante este período las personas predecían sucesos importantes de la vida, como la muerte y el matrimonio.

UN RITUAL DE MANDALA PARA GUIARSE

Hablar de la muerte y de los difuntos, y, aún más, de comunicarse con ellos, sigue siendo un tabú. Sin embargo, este momento del año brinda una bonita oportunidad para conectarte con los seres queridos que ya no están aquí y hacerles alguna pregunta o pedirles consejo. A través de una práctica de mandala, donde accederás a la divina creadora que hay dentro de ti, es posible conectar con planos ultraterrenales para canalizar su energía y, si lo deseas, su presencia.

Al comunicarse con los difuntos, es habitual sentir que te has quedado con mucho por decir. Pero tu mandala, que se traduce como «círculo» en sánscrito, puede servir como un recordatorio físico del propósito que estableces y las preguntas que deseas hacer.

LO QUE NECESITARÁS DEL EXTERIOR

* Un cristal protector, como ónix negro, amatista o cuarzo ahumado.
* Un lápiz.
* Un compás o cualquier objeto en tu hogar que tenga una base circular (como una taza).
* Una regla o instrumento recto.
* Papel.
* Un marcador de punta fina o un bolígrafo de línea gruesa (si lo prefieres, puedes utilizar distintos grosores).
* Marcadores de colores, lápices o pinturas.

LO QUE NECESITARÁS DEL INTERIOR

* Voluntad y fuerza para sentir la energía del espíritu.
* Atención plena para dejar de lado la necesidad de perfección.

INSTRUCCIONES

1. Encuentra un lugar donde puedas sentarte en silencio, sin interrupciones, durante al menos una hora. Enciende una vela, despeja la mesa y coloca los suministros frente a ti.

2. Coloca tu cristal sobre una página en blanco y llama a los espíritus con los que te gustaría comunicarte. Llámalos por su nombre, comunica tu intención, comparte tu pregunta y pide orientación. Cuando hayas terminado, retira el cristal para comenzar con el mandala.

3. Con el compás, la taza u otros objetos domésticos, dibuja con lápiz tantos círculos concéntricos (círculos alrededor del mismo centro) en el papel como desees y del tamaño que prefieras. Te sugerimos que fluyas. Incluso puedes elegir un número que tenga un significado para ti o los espíritus que estás canalizando.

4. A partir de aquí, utiliza la regla y el lápiz para dibujar cuatro líneas en lápiz. Empieza por dividir el círculo a la mitad, luego en cuartos, luego en octavos y finalmente en dieciséis partes. Cada sección debe tener el mismo ancho. (Si no es así, ¡tu mandala será asimétrico, lo cual es perfecto!).

5. Comenzando desde el centro, dibuja patrones dentro de cada círculo concéntrico, utiliza las líneas de cada sección como guía. Si te sientes cómoda, puedes comenzar con el bolígrafo; de lo contrario, siempre puedes repasar las marcas de lápiz más tarde. Elige un patrón que tenga un significado simbólico para ti o simplemente elige uno que te resulte fácil de dibujar. Las formas pueden ocupar una o dos secciones, según cómo quieras la escala.

6. Haz un tercio de tu círculo y luego agrega un patrón (si lo deseas) a tus diseños. Luego, dibuja otro tercio de diseños, y añade otro patrón si lo deseas. Los patrones son ideales para experimentar con líneas, puntos, sombreado y detalles intrincados. Siéntete libre de utilizar diferentes grosores de bolígrafo y de línea.

7. Utiliza estos diseños como una forma de sumar significado a tu trabajo, pero no lo pienses demasiado. Déjate llevar por la repetición.

8. Cuando estés satisfecha con cómo ha quedado, añade color y patrones, borra las marcas de lápiz y colorea dentro de las líneas. Que tenga un significado personal para ti. Puedes hacerlo todo de una vez o hacer un descanso y volver todos los días con él, coloreando un anillo a la vez hasta que termines.

9. Cuando hayas terminado, coloca el cristal nuevamente en el mandala y apaga la vela. Agradece a tus guías espirituales la energía que te han dado mientras hacías el mandala y que ahora sabes que te servirá como un recordatorio de su presencia.

Mantenlo en el lugar que desees, para recordarte que siempre hay alguien que te guía y que nunca estás sola.

CÓMO SEGUIR AVANZANDO

Entrevistamos a Ally Bogard, profesora de yoga, guía de meditación y consejera espiritual, acerca de la idea de que cada uno de nosotros tiene su propio «consejo espiritual». A continuación nos brinda información y consejos sobre cómo establecer contacto, activar y comunicarnos con ellos de manera armoniosa.

No siempre podemos ver, creer o incluso imaginar la existencia de un consejo benevolente, amoroso e inteligente de seres que se preocupan por nosotras, que velan por nuestro bienestar y que están aquí para nosotras, tal como nosotras estamos aquí para ellos. Sin embargo, es una bonita relación que podemos forjar. La confianza y la intimidad entre nosotras y nuestros antepasados, guías espirituales, aliados animales, fuerzas de la naturaleza, ángeles y arcángeles, maestros, profesores y la presencia más elevada del «Yo Soy» que hay dentro de nosotras pueden ser una conexión impresionante. Podemos recurrir a nuestro consejo espiritual en busca de apoyo, claridad, dirección, orientación y ayuda para alinear nuestra brújula interna con el lugar correcto en el momento adecuado para nuestra máxima realización.

Para establecer una conexión con nuestro consejo, es útil dejar a un lado la idea de «Lo creeré cuando lo vea» y, en su lugar, abrir la mente a un lugar donde «Lo veré cuando lo crea» sea la verdad. Aquí tienes un ejercicio para comenzar:

1. Esta práctica comienza con los ojos abiertos. Siéntate en silencio o acuéstate sobre una superficie natural. Lo que sea que estés mirando dentro de tu campo de visión, míralo con atención. Observa cómo toman forma la luz y la sombra.

Siente el sonido del tráfico o el crujido de las hojas como vibraciones en tu oído interno y deja que se propaguen por todo tu cuerpo. Emplea tus sentidos para sentirte viva en el presente a través de la sensación.

2. A medida que te sumerges en el entorno, deja que se despierte la sensación de un apoyo abundante y gratificante que está siempre a tu disposición, valora las cosas simples que sueles pasar por alto y que hacen que tu vida sea posible. Entre ellas el oxígeno, la comida, el agua, el amor, la guía y las fuerzas naturales que siempre están trabajando para brindarte grandes oportunidades para vivir una existencia vibrante.

3. Tómate un minuto para dejar que todo tu cuerpo se inunde de aprecio por todo el apoyo que recibes. Imagínate rodeada de luz, amor y apoyo incondicional.

4. En un estado de relajado aprecio, cierra los ojos. Si hay alguien concreto que ha pasado al otro lado a quien deseas traer, pide permiso para invitar a su alma a tu campo. Tienes la protección de la luz pura del *Uno*. O bien, llama a otros aliados, fuerzas angelicales, espíritus animales y guías benevolentes que se alineen con la energía fuente que has cultivado.

5. Quédate en silencio durante unos instantes para apreciar u orar, o para pedir una orientación concreta o señal por parte de tu consejero. Agradéceles su presencia en tu vida.

6. Para sellar la práctica, siéntate en silencio y siente simplemente. Al abrir los ojos y continuar con tu día, haz todo lo posible por mantener la curiosidad. La forma en que tu consejero se comunique contigo será única. Puede utilizar

música, números, pasajes de libros, tecnología, mensajes de amigos, etc. Lo importante es suspender la incredulidad y estar atenta al mundo simbólico que te está hablando. La interpretación de los mensajes y su sincronización se reciben mejor con una mente abierta y agradecida.

11/11

UNO A UNO

Para muchos, el 11:11 es un momento propicio para pedir un deseo, un momento especial que destaca por encima de los demás. Esta superstición tiene sus raíces en la numerología, la disciplina que estudia cómo los números pueden tener un propósito espiritual y cómo influyen en nuestro camino.

Se considera que los números repetidos, conocidos como «números maestros», señalan que hay una fuerza superior (guías espirituales, ángeles guardianes, Dios o la divinidad en la que cada una crea) que está trabajando para llamar nuestra atención. Cada número repetido tiene un significado en particular, y el 11:11 es especialmente trascendental. Esto se debe a que el número 1 representa los nuevos comienzos en la numerología y, cuando se repite cuatro veces, crea la ilusión de dos puertas. Algunos sanadores creen que una de estas puertas representa el reino terrenal, mientras que la otra representa el reino espiritual. Es un símbolo visual del velo que separa estos dos mundos y nos permite movernos entre ellos a nuestro antojo. Por lo tanto, el 11/11 puede ser un día para reflexionar y examinar si nuestras acciones terrenales están en armonía con nuestro propósito superior. Según la numeróloga Michelle Buchanan, es un día para estar a solas, reflexionar, meditar en la naturaleza o practicar yoga.

Si bien algunas personas se burlan de la idea de que ciertas fechas tengan energías especiales, muchas otras la han adoptado con entusiasmo. Un servicio de bodas informó que en el 11/11/11 se casaron 24.900 parejas estadounidenses, mientras que en otros viernes de noviembre[17] se casaron 1700. (El parque temático de Walt

Disney, como era de esperar, limitó a 11 el número de bodas para celebrar en esa fecha).

UN RITUAL PARA CREAR UN TALISMÁN DE LA BUENA SUERTE

Este ritual te permitirá encerrar la poderosa energía espiritual del número 1 en un talismán que podrás llevar contigo durante el resto del año.

LO QUE NECESITARÁS DEL EXTERIOR

* Una campana.
* Un amuleto, cuenta u objeto pequeño.
* Una cadena del tamaño que haya en la joyería.

LO QUE NECESITARÁS DEL INTERIOR

* Un propósito que desees llevarte contigo a la próxima estación.
* Un toque de habilidad artesanal.

INSTRUCCIONES

1. Toma el objeto que hayas elegido y colócalo en la cadena para crear un collar. Puede ser cualquier objeto, desde una caracola marina hasta un símbolo del infinito o una moneda. Siéntete libre de añadir otros adornos.
2. Cuando hayas confeccionado tu collar, sujétalo con una mano, cierra los ojos y piensa en uno de los objetivos que impulse el espíritu y hayas identificado durante el año pasado o en un ritual anterior. Hoy es un día especialmente propicio para desear que se haga realidad, ya que marca la transición entre dos puertas y dos estados de conciencia.
3. Con el talismán todavía en la mano, comienza a visualizar cómo sería si llevaras este propósito adelante. Abre la palma

de la mano para mostrar el talismán y empieza a hacer sonar la campana sobre él. En muchas culturas, el sonido de la campana se considera una analogía de ángeles y espíritus. Junto con los números, la música es el otro elemento que se cree que señala la presencia de una fuerza superior.

4. Cuando hayas imbuido tu talismán con el propósito y con un poco de ayuda del mundo espiritual, úsalo o llévalo contigo como un amuleto que transporta la buena suerte del 11/11.

El invierno es una época especialmente introspectiva y espiritual, por lo que este pequeño objeto te será de gran utilidad durante la transición.

CÓMO SEGUIR AVANZANDO

Hablamos con la numeróloga Michelle Buchanan acerca de otra fecha que tiene un significado especial: el viernes 13. Esto es lo que compartió con nosotras:

En numerología, el número 13 es conocido como «número de deuda kármica». Por lo tanto, el decimotercer día de cualquier mes (sin importar el día de la semana en que caiga) marca un momento para trabajar con dedicación y hacer el esfuerzo extra que sea necesario para alcanzar tus metas. Este es un día para concentrarse mucho, organizarse y ser persistente.

La paciencia, la perseverancia y una actitud optimista son las claves para superar el día. Puede que te encuentres con frustraciones, obstáculos o retrasos cuando llegue el próximo viernes 13, pero si mantienes tu atención en el resultado final, las cosas se arreglarán finalmente.

DÍA MUNDIAL DE LA BONDAD

(13 DE NOVIEMBRE)

LA BONDAD ES CONTAGIOSA

El Día Mundial de la Bondad surgió a raíz de un hecho desagradable. En la década de 1960, en Japón, el Sr. Seiji Kaya, presidente de una universidad en Tokio, fue asaltado en un tren mientras los demás observaban sin ayudarle. Profundamente decepcionado, Seiji Kaya se embarcó en la misión de fomentar una cultura más amable en la ciudad, comenzando por su propia escuela. Les dijo a sus estudiantes que pequeños actos de generosidad podían convertirse en algo más grande: «Quiero que todos ustedes sean valientes al practicar pequeños actos de bondad, y así crearán una ola de bondad que algún día inundará toda la sociedad japonesa»[18]. A lo largo de los años, esta ola de bondad fue tomando forma, acumulando energía y momentum hasta convertirse en un movimiento global. En 1997 se instauró el Día Mundial de la Bondad como una festividad internacional, una ocasión para recordar lo gratificante que es poner a los demás antes que a nosotros mismos.

Entre los países participantes se encuentran Estados Unidos, Canadá, gran parte de Europa, India, China y Brasil. Cada uno de estos lugares celebra la bondad a su manera. En Singapur, por ejemplo, el 13 de noviembre se realizan *flashmobs* de baile en las calles y se entregan margaritas amarillas como símbolo de inocencia, pureza y belleza para hacer que la bondad «florezca» por toda la ciudad. En Australia, se alienta a los residentes a registrar una «tarjeta de bondad» en internet cuando ven a alguien realizando un acto amable; estas tarjetas luego se convierten en una conmovedora colección compartida durante la festividad. En Estados Unidos, la bondad puede manifestarse de muchas formas, desde un desconocido que te compra un café hasta alguien que te sujeta la puerta o simplemente te sonríe.

Antes del vigésimo aniversario de este día, los países miembros se reunieron para discutir cómo la bondad puede contribuir a una sociedad más saludable y feliz. Las formas en que podemos ser amables son diversas y, aunque pueda sonar cursi, el simple acto de hacer algo por los demás puede mejorar nuestro propio bienestar. De acuerdo con varios estudios, de promedio, las personas que realizan actos de bondad, como hacer donaciones a la caridad o regalar flores, se sienten más felices y satisfechas con su vida[19]. Además, suelen ver el mundo como un lugar mejor, lo que da lugar a un ciclo positivo: a medida que actúas con más bondad, tu entorno se vuelve más luminoso, y cuanto más brilla, mayor es tu motivación para ser amable con los demás.

UN RITUAL DE REFLEXIÓN PARA EL AMOR PROPIO

Aunque el día de hoy se trata de ser amable con quienes te rodean, aprovechemos también esta oportunidad para dirigir una parte de esa energía positiva hacia nuestro interior. Con este ritual, te dedicarás a ti misma los cumplidos que sueles reservar para los demás en una demostración de amor propio. Después de todo, necesitas cuidar tu propia llama antes de salir al mundo a compartir tu luz con los demás.

LO QUE NECESITARÁS DEL EXTERIOR

* Un bolígrafo.
* Papel.
* Tijeras.
* Un tarro de metal (o cualquier recipiente con tapa).

LO QUE NECESITARÁS DEL INTERIOR

✳ Darte el permiso de dedicarte un cumplido.

INSTRUCCIONES

1. Siéntate frente a tu altar de otoño o en un espacio especial y piensa en lo que más amas de ti misma. Inspirándote en lo que has reunido, háblate a ti misma como lo harías con una amiga o un ser querido. Comienza por dedicarte cumplidos, sin sentir la necesidad de seguirlos con un «pero». ¿Qué cualidades te han ayudado a llegar a donde estás hoy día?

2. Escribe estas palabras de aliento en el papel. Hazlo en letra grande y córtalas en pequeños trozos, como si fueran mensajes de la fortuna, cuando hayas llenado una página entera. Sigue haciéndolo hasta que no tengas más cosas que decir.

3. Dobla todas las afirmaciones y colócalas en el tarro de metal. El metal es el elemento del otoño en la Medicina Tradicional China y se lo celebra por su capacidad para cambiar de forma. Es un material fuerte y rígido que se vuelve líquido y maleable cuando se expone al calor. Todas podríamos beneficiarnos de tener un poco más de esta energía ágil en nuestra vida. Que tu tarro sea un lugar para soltar: la necesidad de ser perfecta, la tendencia a ser demasiado dura contigo misma, el deseo de minimizar tus logros. En cambio, aprecia simplemente lo que ya eres. Permítete ser suave y firme al mismo tiempo.

4. Deja el tarro en tu altar y saca un papelito de él cada vez que tengas un mal día. Que te sirva como un recordatorio de todo lo que ya estás aportando al mundo.

CÓMO SEGUIR AVANZANDO

Hablamos con Natalie Kuhn, directora ejecutiva y maestra fundadora de The Class by Taryn Toomey, sobre cómo desarmar los patrones de autocrítica negativa. Mientras enseña The Class by Taryn Toomey, Natalie ayuda a las personas a reprogramar sus diálogos internos a través del esfuerzo físico y la conciencia emocional. A continuación tienes un ritual basado en sus enseñanzas.

1. El primer paso para romper con la voz negativa que hay en tu cabeza es sintonizar esa voz, dejar que resuene fuerte y claro en tu mente, y recordarte a ti misma que esa voz no eres tú. La mayor parte de nuestra vida consciente la pasamos viviendo en piloto automático con un monólogo interno constante, ¡sin que lo escuchemos realmente! Entonces, el primer paso es aceptar su existencia. «¡Qué curioso! Me estoy diciendo que soy demasiado vieja/demasiado joven/ demasiado delgada/demasiado tonta/para nada calificada/ demasiado gorda/para nada genial/demasiado [completa el espacio en blanco]. Interesante. Esa voz existe. Es bueno saberlo».

2. Pon tu canción favorita, una que tenga algo de alma. (En mi caso, cualquier canción de Alabama Shakes, Mumford and Sons o A Tribe Called Red).

3. Súbele el volumen. Al máximo.

4. Repite el mismo movimiento mientras dure la canción. Podría ser correr, si tienes acceso al aire libre, o un movimiento repetitivo como saltos si estás en casa.

5. A medida que comiences a moverte al ritmo de la canción, deja que ese pensamiento, esa voz que tiende a la destrucción y no al apoyo, se manifieste. Luego, con una gran curiosidad, examínalo. ¿Es un hecho o una ficción? ¿Qué te llevó

a comenzar a decirte esto? ¿Con qué frecuencia te lo has dicho? ¿Cuál es el sentimiento subyacente?

6. Ahora utiliza tu cuerpo para expresarlo, ya sea frustración por haber estado diciéndolo durante tanto tiempo, tristeza por haber comenzado a identificarte con él o enfado por haberle dado tu tiempo y energía. Usa el movimiento, el ritmo y la melodía para expresar el pensamiento en su totalidad a través de tu cuerpo. Puede que sudes, llores, rías o emitas sonidos. Haz lo que necesites hacer para sentirlo plenamente. Y continúa haciéndolo durante toda la canción.

7. Al final de la canción, pon tus manos sobre el corazón y lleva tu respiración hacia el vientre. Cierra los ojos. Siente el cambio. Recuérdate a ti misma que no eres tus pensamientos. No estás a merced de ellos. Eres la energía ilimitada que hay *detrás* de tus pensamientos. Eres la creadora de la voz que hay en tu cabeza y tienes el poder de cambiarla. Como dice nuestra fundadora, Taryn Toomey: «Tienes todo lo que necesitas: tú misma».

DÍA DE ACCIÓN DE GRACIAS

(CUARTO JUEVES DE NOVIEMBRE)

COMPARTIR ES CUIDAR

Aunque el Día de Acción de Gracias suele relacionarse con Estados Unidos, el hecho de reflexionar sobre las estaciones y el ciclo de la cosecha es una práctica que puede aplicarse a cualquier cultura, religión o grupo de personas[20]. La Madre Tierra nos brinda su abundancia y todos nos sentimos agradecidos por poder disfrutarla.

Sin embargo, la historia y el origen de esta festividad tienen un significado especial en el contexto estadounidense. En el siglo XVII, poco después de la llegada de los colonos ingleses en el *Mayflower*, la tribu Wampanoag les enseñó a pescar, cultivar y cazar animales. Squanto, un indígena Patuxet que hablaba inglés, los instruyó sobre la tierra y a relacionarse con los Wampanoag. (Este fue uno de los pocos momentos de paz que hubo entre los nativos americanos y los colonos, razón por la cual muchas personas se niegan a celebrar la festividad de manera tradicional, en protesta por el trato que recibieron los nativos). Luego prepararon un abundante festín que duró tres días, según algunos registros.

Durante muchos años, la tradición continuó como un encuentro informal entre colonos y nativos americanos. Tuvieron que pasar más de doscientos años para que el Día de Acción de Gracias se convirtiera en festividad. Varios estados lo celebraron por separado (Nueva York fue el primer estado que lo hizo) antes de que Abraham Lincoln lo declarara oficial en 1863, durante la Guerra de la Independencia, con el objetivo de «sanar las heridas de la nación».

Desde una perspectiva histórica, es común honrar la cosecha con un gran banquete. Los griegos, romanos y egipcios celebraban las diosas de la fertilidad con festines, y se dice que los nativos americanos podrían haber tenido su propia cena de cosecha antes de la llegada de los colonos. Sin embargo, la historia del origen del Día de Acción de Gracias estadounidense se enfoca más en la reconciliación y el compartir entre diferentes culturas que en la comida en sí.

UN RITUAL DE ENRAIZAMIENTO INSPIRADO EN EL REIKI PARA SANAR

Cuando pensamos en cómo podemos honrar estos temas de sanación y unión con un ritual moderno, el Reiki surge de inmediato. Es una forma de sanación «alternativa» que se dice que mueve la energía a través del cuerpo. En teoría, para hacer Reiki necesitas una iniciación, es decir, una sesión de entrenamiento con un maestro de Reiki que te lo transfiera. La idea es que todo el Reiki proviene de un maestro y se ha ido transmitiendo. Cuando lo tienes, lo llevas contigo a todas partes y con el tiempo puedes iniciar a otros.

Kelsey Patel, maestra de Reiki, sostiene que «todos somos Reiki. Cada uno de nosotros tiene este potencial de sanación y conexión disponible en su interior». Es decir, no necesitas una sesión de Reiki para experimentar el poder curativo de su contacto. El contacto no sexual puede tener propiedades medicinales cuando nos brindamos cuidados mutuos. Recibirlo de otros mueve la energía por el cuerpo de una manera que no siempre podemos conseguir por nuestros propios medios y que elimina los bloqueos. Aunque no se ha investigado demasiado sobre el Reiki como una forma de sanación dentro de la medicina, sabemos que se utiliza en hospitales de todo el país[21].

En este ritual en pareja, te guiarán a través de una sesión de enraizamiento basada en los principios del Reiki. Intenta hacerla con un ser querido antes de la cena de Acción de Gracias para ver qué tipo de energía podéis liberar antes de comeros el pavo.

LO QUE NECESITARÁS DEL EXTERIOR

* Una esterilla de yoga.
* El consentimiento para tocar a tu pareja.
* Una vela o un palo santo para quemar, si lo deseas.

LO QUE NECESITARÁS DEL INTERIOR

* Amor benevolente.
* Una mentalidad que te prepare para dar y recibir.

INSTRUCCIONES

1. Coloca tu esterilla de yoga y enciende la vela o el palo santo.

2. Pídele a tu pareja que se coloque en el centro de la esterilla en *tadasana*, la postura de la montaña, y pídele su consentimiento para tocarla. Mientras te preparas para sanar, piensa en ser amor, sentir amor y emitir amor.

3. Sentada detrás de ella, forma una «L» con tus dedos; tu pulgar es la parte inferior y los cuatro dedos están a un lado, como si fueran «manos de Barbie». Desliza tus manos por la parte inferior de sus talones y dirígelas hacia el suelo con firmeza pero con cuidado. Quédate así durante algunas respiraciones.

4. Luego, dirígete hacia sus caderas. En posición de pie, une los puntos de su cadera. Con las manos en la misma posición, aprieta con cuidado pero con firmeza y tira un poco hacia abajo. Quédate así durante un momento. Cuando liberes la presión, mantén tus manos allí durante unas cuantas respiraciones antes de continuar.

5. Lleva tus manos a sus hombros y, con las palmas mirando hacia abajo, colócalas allí. No dejes que tus manos se relajen. Imagina que estás transfiriendo una energía que permite a tu amiga echar raíces y con la que te sientas conectada con la tierra. Quédate así al menos un minuto.

6. Coloca tus manos en el lóbulo occipital, justo en la zona donde comienza el cabello y se une con el cuello, en la parte posterior de la cabeza. Apunta ambos pulgares hacia abajo en el centro y abre los dedos alrededor de sus oídos, presiona suavemente hacia dentro con los pulgares y luego tira hacia arriba. (Si tu pareja es más alta que tú, pídele que se siente cómodamente para este paso).

7. Por último, lleva tu mano derecha a la coronilla de la cabeza y tócala suavemente con el anular y con el dedo del medio durante veinte o treinta segundos. Esto mueve la energía hacia arriba y la saca de su cabeza.

Repite la secuencia en el orden inverso, volviendo a sus hombros, caderas y pies. Luego, si tu pareja lo desea, cambiad de posición para que tú puedas recibir un poco de magia curativa.

CÓMO SEGUIR AVANZANDO

Conversamos con Kelsey Patel, maestra de Reiki, para entender mejor el Reiki y para compartir su ritual favorito de autosanación, que puedes hacer por tus propios medios.

El Reiki se basa en redirigir la energía universal para conseguir una sanación en todos los niveles del ser, incluyendo lo físico, emocional, mental y espiritual. Trabaja con lo que tú, como sanadora, o la persona que recibe necesitáis en ese momento para vuestro beneficio.

Los preceptos del Reiki son los principios de conducta que Usui Sensei, su fundador, consideraba el arte de vivir una vida feliz y una medicina para el alma:

Solo por hoy, no te preocupes.
Solo por hoy, no te enojes.

Solo por hoy, sé humilde.

Solo por hoy, sé honesto.

Solo por hoy, sé amable contigo mismo y con los demás.

El propósito de este ejercicio es la armonía y la alineación de los hemisferios izquierdo y derecho del cuerpo a través de la respiración. Al hacerlo, también equilibrarás el lado izquierdo y derecho de tu cerebro. Resulta especialmente beneficioso para la ansiedad, el agotamiento, el estrés mental y cualquier sensación de desequilibrio de la mente o del cuerpo.

1. Para comenzar, siéntate de piernas cruzadas y estira tu columna vertebral.

2. Coloca tu mano derecha sobre el pecho y luego bajo la axila izquierda, dejando que el pulgar repose en la parte delantera del hombro izquierdo.

3. Luego, coloca la mano izquierda sobre el pecho y ponla bajo la axila derecha, dejando que el pulgar repose en la parte delantera del hombro derecho.

4. Empieza a respirar. Haz algunas respiraciones inhalando por la nariz y exhalando por la boca; luego, cambia y respira solo por la nariz, tanto al inhalar como al exhalar. Es posible que sientas de inmediato el desequilibrio entre los lados izquierdo y derecho de tu cuerpo, y eso está bien.

5. Continúa inhalando en tres tiempos y exhalando en tres a cuatro tiempos. Relaja los hombros y el resto del cuerpo mientras respiras. Continúa respirando así de tres a cinco minutos y concentrándote solo en tu respiración.

6. Que la inhalación te llene de claridad y que la exhalación libere el estrés o la ansiedad.

7. Cuando hayas acabado el ejercicio, retira las manos y quédate sentada durante un momento para sentir cómo tu cuerpo

y mente entran en armonía y equilibrio. También puedes establecer una oración o propósito para el resto del día o de la noche que te conecte con esa sensación.

DÍA DE ESCRIBIR CARTAS

(7 DE DICIEMBRE)

QUERIDO DIARIO

El primer hechizo escrito, que se remonta a la antigua civilización sumeria, marcó el comienzo de la invocación de la magia y de la brujería a través de las palabras[22]. Muchas culturas le dieron un gran poder a la palabra escrita, como lo demuestra por ejemplo un libro egipcio de hechizos que estaba ilustrado y tenía veinte páginas de extensión. Contenía recetas de  todo tipo, desde desterrar espíritus malignos hasta encontrar el amor, obtener poder y curar enfermedades[23]. En Egipto, los médicos también recetaban hechizos como parte del tratamiento, mientras que otros sistemas de creencias, como el *kotodama* japonés, afirman que las palabras y los nombres tienen una fuerza esotérica[24].

En 1801 el ocultista inglés Francis Barrett señaló el poder del lenguaje diciendo: «La virtud de las palabras del hombre es tan grande que, cuando se pronuncian con una constancia ferviente de la mente, pueden subvertir la naturaleza y provocar terremotos, tormentas y tempestades. Casi ningún encantamiento resulta potente sin palabras»[25]. ¡Qué gran idea! Según cómo se usen, las palabras pueden convertirse en vehículos para los milagros.

Creemos que escribir una carta es una de las formas más poderosas de liberar tus palabras al universo. Escribir es una comunicación divina y, aunque no la envíes, siempre hay alguien, en algún lugar, que escucha una carta sincera.

UN RITUAL DE ESCRITURA PARA LA PRESENCIA

Antes de adentrarnos nuevamente en la estación del invierno, concluyamos el otoño con un ritual para celebrar el Día de Escribir Cartas en Estados Unidos, una festividad que invita a las personas a escribir cartas a quienes aprecian. Nuestro ritual te pedirá que encuentres las palabras adecuadas para todo aquello que deseas que llegue en la próxima estación y más adelante. Sin embargo, en lugar de redactar una nota para otra persona, escribirás una carta dirigida a ti misma.

LO QUE NECESITARÁS DEL EXTERIOR

* Un bolígrafo.
* Papel.
* Una vela o incienso.

LO QUE NECESITARÁS DEL INTERIOR

* La voluntad de observar lo que tu espíritu anhela realmente, sin importar si coincide con tu «plan».

INSTRUCCIONES

1. Enciende una vela o incienso para indicarle a tu mente que es hora de desacelerar. Siéntate en una posición cómoda y cierra los ojos.
2. Haz algunas respiraciones profundas para conectarte contigo misma y, luego, comienza a visualizarte de pie frente a una gran puerta de madera. Tocas la puerta y descubres que

la persona al otro lado eres tú misma, pero de aquí a cinco años. Tu yo futuro te conduce a una habitación. Todo lo que hay en esta habitación es agradable: la decoración y la luz pero, sobre todo, la mujer que está allí de pie. Tu yo futuro es fuerte y poderoso, y habla con tranquilidad sobre lo que ha incorporado recientemente en su vida y lo que planea hacer. ¿Qué está diciendo? Escúchala sin criticar y deja que todo fluya, sin importar lo extraño que pueda parecer lo que dice. Concluye la visualización agradeciendo a tu yo futuro su apertura mientras sales de la habitación.

3. Inmediatamente después de abrir los ojos, toma el bolígrafo y comienza a escribir una carta a la mujer que acabas de conocer. Explica lo que te dijo, felicítala por sus logros y deséale suerte en la próxima etapa. No te preocupes por la gramática o la sintaxis, haz que la carta sea rápida y libre de formato. Considera tus palabras como una extensión de la visualización, independientes del ego o la mente racional.

4. Finaliza el ritual firmando la carta, doblándola y colocándola en un sobre para luego ponerla en tu altar y convertirla en el primer objeto en darle la bienvenida al invierno.

A medida que te acercas a la estación más introspectiva de todas, este ejercicio te ayudará a tener una perspectiva de lo que deseas manifestar en los próximos meses.

CÓMO SEGUIR AVANZANDO

Julia Cameron, toda una autoridad en lo que respecta a ayudar a las personas creativas a superar bloqueos, nos ofrece cuatro consejos sobre cómo superar los bloqueos a medida que aparecen. Estos consejos son de Julia, tal como se los contó a Lindsay.

«La mayor pérdida de energía creativa radica en lo que yo llamo "perfeccionismo". Las personas no quieren comenzar algo a menos que lo hagan a la perfección, por lo que se paralizan y no empiezan. Pero si estás dispuesta a hacerlo mal, inténtalo. Las personas sienten la libertad y luego lo intentan».

1. **PÁGINAS MATUTINAS**: el primer libro de Julia, *El camino del artista*, marcó todo un hito al derribar importantes barreras en las personas creativas que estaban estancadas y otras que no se consideraban creativas pero sí lo eran. Las páginas matutinas consisten en escribir tres páginas a mano en cuanto nos despertamos. Resérvate un tiempo para escribir libremente por la mañana y olvida la gramática, la puntuación y las reglas.

2. **UNA CITA A SOLAS CON EL ARTISTA, UNA VEZ POR SEMANA**: sal a hacer algo divertido contigo misma. Asignarle un tiempo a la diversión conduce al juego de ideas, que no fluye con la misma facilidad si siempre tienes la nariz metida en la rutina. ¡Sal, diviértete y aprende algo nuevo!

3. **CAMINATAS**: cuando las personas salen a caminar, integran las ideas que han obtenido de las páginas matutinas, las citas a solas con el artista y la escritura de recuerdos.

«Cuando trabajas con estas herramientas, entras en contacto con una "fuerza benévola" que trabaja a tu favor. Puedes llamarla "universo", "espíritu", "Dios" o "Tao". Nos damos cuenta de que esta fuerza existe cuando trabajamos con las herramientas y nos sentimos capaces de arriesgarnos más porque sentimos que tenemos una red de apoyo».

EPÍLOGO

Llegará un momento en el que creas que todo ha llegado a su fin;
pero en realidad, será el comienzo.

— Louis L'A mour

ARA Emma, los rituales se parecen mucho a circular por la autopista que hay al oeste de la ciudad de Nueva York. Es la respiración constante, el movimiento repetitivo, la oportunidad de desconectarse de las preocupaciones y sentir gratitud por la ciudad que la rodea y el cuerpo que le permite explorarla. También es escribir en su diario al comienzo de cada ciclo lunar. Es un momento para sentarse en la cama y dejar que el bolígrafo plasme algo que nadie leerá nunca. Por otro lado, para Lindsay los rituales son una constante práctica de yoga, la única constante a largo plazo que hay en su vida aparte de la escritura. Es utilizar su cuerpo físico para acceder a las emociones, cambiar energías y darle a esta alma de otro mundo un hogar terrenal. También es hacer una breve meditación en movimiento que la renueve al final de cada día. Es volver a la esterilla y a la página en blanco una y otra vez, incluso cuando ha pasado más tiempo del esperado.

A través de estos rituales, conseguimos conectarnos con el espíritu que habita en nuestro interior, y estamos eternamente agradecidas por la claridad, el apoyo y el amor que nos brinda. Estas prácticas nos ofrecen herramientas que nos ayudan a contemplar la vida con curiosidad y amor, incluso cuando se vuelve difícil. Esperamos que este libro te haya ayudado a descubrir y perfeccionar tus propios rituales, y que ellos hagan lo mismo por ti.

Que esto sea parte de tu comienzo.

Con espíritu,
EMMA Y LINDSAY

AGRADECIMIENTOS

Queremos expresar nuestro agradecimiento a Charlotte Edey por dar vida a los rituales a través de sus impactantes ilustraciones. Sin su contribución, este libro no sería así de bonito.

También queremos dar las gracias a nuestras brillantes editoras, Sara y Heather, por su receptividad a nuestras ideas y deseos, no solo durante el proceso de escritura, sino también en todos los aspectos prácticos.

Amy, te agradecemos que creyeras en este libro desde el principio.

Extendemos nuestro agradecimiento a nuestros colegas Elle, Leigh, Bobb, Gretch y Liz por la diversión y el aliento diarios.

Gracias a Aaron por encargarse de todo prácticamente mientras yo me sentaba a escribir, y a Mac por su compañía en las largas noches de trabajo. También queremos dar las gracias a Sherry, Stuart, Rachel, Mark, Sasha y Dan por ser tan comprensivos cuando no podíamos juntarnos a cenar. Kimi, Lauren, Jessie, Melissa y Amanda, vuestros mensajes diarios y apoyo nos ayudaron más de lo que os imagináis.

Gracias a Phil y June, ¡y a Pip!, por las sonrisas y el apoyo incondicional.

Sentimos una gratitud infinita hacia todos los expertos que mencionamos en este libro y aquellos de quienes hemos aprendido tanto. Gracias por compartir vuestras historias, pasiones y amor con nosotras: Dra. Eva Selhub, Christopher Satch, Tanya Carroll Richardson, Jennifer Racioppi, Anjie Cho, Alexandra Roxo, Ruby Warrington, Paula Mallis, Britta Plug, Kumi Sawyers, Jenn Tardif, Dages Juvelier Keates, the Sky Ting family, Robin Rose Bennett, Jessa Blades, Ramesh Tarun Narine, Natalia Hailes, Ashley Spivak, Flora Bowley, Katie Hess, Emma Mildon, Lindsay Mack, Ashley Neese, Sara Auster, Kelsey Patel, Julia Cameron y Michelle Buchanan. Un agradecimiento especial a Judy Choix y Ally Bogard, cuyos sabios consejos sentaron las bases para la energía que impregna este libro.

Y, por último, gracias por el milagro que es nuestra Madre Tierra; por la energía fuente, por nuestros aliados animales y guías espirituales, y por todo lo que existe.

RECURSOS POR CAPÍTULO

INTRODUCCIÓN

1. Emmons, R. A. y McCullough, M. E. (2003). «Counting Blessings Versus Burdens: An Experimental Investigation of Gratitude and Subjective Well-Being in Daily Life» en *Journal of Personality and Social Psychology* 84, N° 2: 377–389. «https:// greatergood.berkeley.edu/pdfs/GratitudePDFs/6Emmons-BlessingsBurdens.pdf».

2. Dell, C. (2016). «The Occult, Witchcraft & Magic: An Illustrated History». Thames & Hudson, Londres

INTRODUCCIÓN AL KIT DE HERRAMIENTAS ESPIRITUAL

Cristales

1. Hall, J. (2015). «Crystals: How to Use Crystals and Their Energy to Enhance Your Life». p. 30. Hay House, Nueva York.

2. «Amethyst». Merriam-Webster Word Central.

3. Askinosie, H. y Jandro, T. (2017). «Crystal Muse: Everyday Rituals to Tune in to the Real You». Hay House, Nueva York.

4. Raphael, R. (5 de mayo de 2017). «Is There a Crystal Bubble? Inside the Billion-Dollar'Healing'Gemstone Industry» en Fast Company. «https://www.fastcompany.com/40410406/is-there-a-crystal-bubble-inside-the-billion-dollar-healing-gemstone-industry».

Hierbas y plantas

5. Kimmerer, R. W. (2013). «Braiding Sweetgrass: Indigenous Wisdom, Scientific Knowledge, and the Teachings of Plants». Milkweed Editions, Mineápolis, MN.

6. de la Foret, R. (2017). «Alchemy of Herbs: Transform Everyday Ingredients into Foods & Remedies That Heal» p. 7. Hay House, Nueva York.

7. «A Brief History of Herbalism» (s.f.). en *Historical Collections* en la Biblioteca de Ciencias de la Salud Claude Moore, Universidad de Virginia «http://exhibits.hsl.virginia.edu/herbs/brief-history».

8. Dell, «The Occult, Witchcraft & Magic» p. 182.

Aceites esenciales

9. Herz, R. S. (septiembre de 2016). «The Role of Odor-Evoked Memory in Psychological and Physiological Health.» en *Brain Sciences* 6, N°. 3. «https://www.ncbi.nlm.nih.gov/pmc/articles/PMC5039451».

10. Williams, F. (2017). «Nature Fix: Why Nature Makes Us Happier, Healthier, and More Creative». p. 77 W. W. Norton, Nueva York.

11. Worwood, V. A. (1991). «The Complete Book of Essential Oils and Aromatherapy». p. 6. New World Library, Novato, California.

12. Worwood, «The Complete Book of Essential Oils and Aromatherapy» p. 7.

13. Althea Press. (2013). «Essential Oils for Beginners: The Guide to Get Started with Essential Oils and Aromatherapy». Althea Press, Berkeley, California.

14. Grigore, A. (2017). «Just the Essentials: How Essential Oils Can Heal Your Skin, Improve Your Health, and Detox Your Life». p. 14. Harper Wave, Nueva York.

15. Grigore, «Just the Essentials», p. 20.

16. Culpeper, N. (1880). «Culpeper's Complete Herbal: Consisting of a Comprehensive Description of Nearly All Herbs with Their Medicinal Properties and Directions for Compounding the Medicines Extracted from Them». p. 73 Foulsham, Londres. «https://archive.org/details/culpeperscomplet00culpuoft».

17. Althea Press, «Essential Oils for Beginners», p. 37–150.

18. Grigore, «Just the Essentials» p. 83.

19. Grigore, «Just the Essentials» p. 11.

Astrología

20. Whitfield, P. (2004). «Astrology: A History» p. 10. British Library, Londres.

21. «Zodiac (n.)». En Online Etymology Dictionary. «https://www.etymonline.com/word/zodiac».

22. Saunders, H. (1998). «A Brief Overview of the History of Western Astrology» en Astrology House. «https://www. astrologyhouse.com/content/docs/articles/brief_history_of_ western_astrology.pdf».

23. Roob, A. (2014). «Alchemy & Mysticism. Cologne». Taschen, Alemania.

24. Saunders, «A Brief Overview of the History of Western Astrology».

25. Whitfield, «Astrology», p. 142.

26. McRobbie, L. R. (5 de enero de 2016). «How Are Horoscopes Still a Thing?» en Smithsonian.com. «https://www.smithsonianmag.com/history/how-are-horoscopes-still-thing-180957701».

Tarot

27. Hederman, M. P. (2003). «Tarot, Talisman or Taboo? Reading the World as Symbol». Currach Press, Dublín.

Respiración consciente y meditación

28. Schuster, B. G. (febrero de 2015). «Constipation in Older Adults» en *Canadian Family Physician* 61, n.° 2 p. 152–158. «https://www.ncbi.nlm.nih.gov/pmc/articles/PMC4325863».

29. Aust, G. y Fischer, K. (octubre de 1997). «[Changes in Body Equilibrium Response Caused by Breathing: A Posturographic Study with Visual Feedback.]» en *Laryngo-Rhino-Otologie* 76, N°. 10: 577–582. «https://www.ncbi.nlm.nih.gov/pubmed/9445523».

30. Zope, S. A. y Zope, R. A. (enero – junio de 2013). «Sudarshan Kriya Yoga: Breathing for Health.» en *International Journal of Yoga* 6, N°. 1 p. 4–10. «https://www.ncbi.nlm.nih.gov/pmc/articles/PMC3573542».

31. Grof, S. (s.f.). «Holotropic Breathwork: New Perspectives in Psychotherapy and Self-Exploration». «http://wisdomuniversity.org/grof/module/week3/pdf/Holotropic%20Breathwork.pdf».

32. Miller, T. y Nielsen, L. (diciembre de 2015). «Measure of Significance of Holotropic Breathwork in the Development of Self-Awareness» en Journal of Alternative and Complementary Medicine 21, N° 12: 796–803. https://www.ncbi.nlm.nih.gov/pubmed/26565611.

La luna y el sol

33. Choi, C. Q. (14 de noviembre de 2017). «Earth's Sun: Facts About the Sun's Age, Size and History» en Space.com. «https://www.space.com/58-the-sun-formation-facts-and-characteristics.html».

34. History.com Staff. (27 de agosto de 2013).«7 Unusual Myths and Theories About the Moon» en History.com. «http://www.history.com/news/history-lists/7-unusual-myths-and-theories-about-the-moon».

35. Arkowitz, H. y Lilienfeld, S. O. (1 de febrero de 2009). «Lunacy and the Full Moon» en Scientific American «https://www.scientificamerican.com/article/lunacy-and-the-full-moon».

36. Arkowitz y Lilienfeld, «Lunacy and the Full Moon».

37. Bellebuono, H. (2012). «The Essential Herbal for Natural Health: How to Transform Easy-to-Find Herbs into Healing Remedies for the Whole Family». Roost Books, Boston.

Diseñar un altar para guardar el kit de herramientas

38. Linn, D. (1999). «Altars: Bringing Sacred Shrines into Your Everyday Life». Ballantine, Nueva York.

INVIERNO

1. Handwerk, B. (21 de diciembre de 2015). «Everything You Need to Know About the Winter Solstice» en National Geographic. «https://news.nationalgeographic.com/2015/12/151221-winter-solstice-explained-pagans».

2. Handwerk, «Everything You Need to Know About the Winter Solstice».

3. Haas, E. M. (2003). «Staying Healthy with the Seasons». Celestial Arts, Berkeley, California.

4. Roecklein, K. A. y Rohan, K. J. (enero de 2005). «Seasonal Affective Disorder: An Overview and Update» en *Psychiatry* 2, N° 1: p. 20–26. «https:// www.ncbi.nlm.nih.gov/pmc/articles/PMC3004726/».

5. Melrose, S. (noviembre de 2015). «Seasonal Affective Disorder: An Overview of Assessment and Treatment Approaches» en Depression Research and Treatment. «https://www.hindawi.com/journals/drt/2015/178564».

6. Dillon, C. R. (2001). «Superstitions and Folk Remedies». Authors Choice Press, Lincoln, Nebraska.

7. Nozedar, A. (2008). «The Element Encyclopedia of Secret Signs and Symbols: The Ultimate A–Z Guide from Alchemy to the Zodiac». Harper Element, Londres.

8. Nozedar, «The Element Encyclopedia of Secret Signs and Symbols».

9. «How many words are there in the English language?» en Oxford English Dictionary. «https://en.oxforddictionaries.com/explore/how-many-words-are-there-in-theenglish-language».

10. Lepore, S. J. (noviembre de 1997). «Expressive Writing Moderates the Relation between Intrusive Thoughts and Depressive Symptoms» en *Journal of Personality and Social Psychology* 73, N° 5 p. 1030–1037. «http://psycnet.apa.org/psycinfo/1997-43182-010».

11. Cameron, L. D., y Nicholls, G. (enero de 1998) «Expression of Stressful Experiences through Writing: Effects of a Self- Regulation Manipulation for Pessimists and Optimists» en *Journal of Health Psychology* 17, N° 1 p. 84–92. «https://www.ncbi.nlm.nih.gov/ pubmed/9459075».

12. Roob, «Alchemy & Mysticism».

13. Abrev, I. (2017). «The Little Big Book of White Spells». Llewellyn Publications, Woodbury, Minnesota.

14. Cohen, J. (13 de septiembre de 2012). «6 Things You May Not Know About the Gregorian Calendar» en History.com. «http:// www.history.com/news/6-things-you-may-not-know-about-the-gregorian-calendar».

15. Nautiyal, C. S., Chauhan, P. S. y Nene, Y. L. (diciembre de 2007). «Medicinal Smoke Reduces Airborne Bacteria» en *Journal of Ethnopharmacology* 114, N° 3 p. 446–451. «https://www.ncbi. nlm.nih.gov/pubmed/17913417».

16. Nautiyal, Chauhan y Nene, «Medicinal Smoke Reduces Airborne Bacteria».

17. Perez, V., Alexander, D. D. y Bailey, W. H. (enero de 2013). «Air Ions and Mood Outcomes: A Review and Meta- Analysis» en *BMC Psychiatry* 13. «https://www.ncbi.nlm.nih.gov/pmc/articles/ PMC3598548».

18. Tian, J., Shi, J., Zhang, X. y Wang, Y. (octubre de 2010). «Herbal Therapy: A New Pathway for the Treatment of

Alzheimer's Disease» en *Alzheimer's Research & Therapy* 2 N° 30 «https://alzres.biomedcentral.com/articles/10.1186/alzrt54».

19. Hemingway, C., y Hemingway, S. (octubre de 2003). «Greek Gods and Religious Practices» Heilbrunn Timeline of Art History, Museo Metropolitano de Arte. «https://www.metmuseum.org/toah/hd/grlg/hd_grlg.htm».

20. Cartwright, M. (24 de junio de 2012). «Aphrodite» en Ancient History Encyclopedia «https://www.ancient.eu/Aphrodite».

21. Lehner, E. y Lehner, J. (2003). «Folklore and Symbolism of Flowers, Plants and Trees: With over 200 Rare and Unusual Floral Designs and Illustrations. Mineola», Dover Publications, Inc, Nueva York.

22. Heilmeyer, M. (2008). «The Language of Flowers: Symbols and Myths» p. 16. Prestel, Múnich.

23. Reiss, M. (2013). «Lily» p. 64. Reaktion Books, Londres.

24. Heilmeyer, «The Language of Flowers», p. 11.

25. Lehner y Lehner, «Folklore and Symbolism of Flowers, Plants and Trees».

26. «The History of Fairy Tales» (s.f.) en Internet Sacred Text Archive «http://www.sacred-texts.com/etc/sft/sft07.htm».

27. Kready, L. F. (1916). «A Study of Fairy Tales» p. 159. Riverside Press, Cambridge, Massachusetts.

28. Yong, E. (20 de enero de 2016). «The Fairy Tales That Predate Christianity». En The Atlantic.«https://www.theatlantic.com/science/archive/2016/01/on-the-origin-of-stories/424629».

29. Cave, R. y Ayad, S. (2017). «The History of Books in 100 Books: The Complete Story, from Egypt to E-book» p. 194. Firefly Books, Richmond Hill, Ontario.

PRIMAVERA

1. Autor desconocido. (1829). «The Olio, or, Museum of Entertainment, vol. 3» p. 206. Joseph Shackell, Londres.

2. d'Aulaire, I. y d'Aulaire, E. P. (2010). «D'Aulaires' Book of Greek Myths». Scholastic, Nueva York.

3. Getonga, J. (2013). «European Paganism. Muranga, Kenya» Fr. J. Getonga, p. 119.

4. Reuters Staff. (21 de marzo de 2016). «Mexicans Celebrate Spring Equinox at Pyramid of the Sun». Reuters «https://www.reuters.com/article/us-mexico-equinox-ruins/mexicans-celebrate-spring-equinox-at-pyramid-of-the-sun-idUSKCN0WN2CI».

5. «Vernal Equinox Day 2018 and 2019» (s.f.) en Public Holidays Global «https://publicholidays.jp/vernal-equinox-day».

6. Dunbar, B. (16 de abril de 2007). «Follow the Water: Finding a Perfect Match for Life» en NASA Fact Sheet. «https://www.nasa.gov/vision/earth/everydaylife/jamestown-water-fs.html».

7. Linn, «Altars», p. 58–61.

8. Linn, «Altars», p. 88–93.

9. Nozedar, «The Element Encyclopedia of Secret Signs and Symbols», p. 51–52.

10. Nozedar, «The Element Encyclopedia of Secret Signs and Symbols», p. xiii–xiv.

11. National Tea Day. (s.f.). «https://www.nationalteaday.co.uk».

12. Whitehead, N. (30 de junio de 2015). «High Tea, Afternoon Tea, Elevenses: English Tea Times for Dummies» en *The Salt, NPR.* «https://www.npr.org/sections/ thesalt/2015/06/30/418660351/high-tea-afternoon-tea-elevenses-english-tea-times-for-dummies».

13. Whitehead, «High Tea, Afternoon Tea, Elevenses».

14. Heiss, M. L. y Heiss, R. J. (2007). «The Story of Tea: A Cultural History and Drinking Guide» p. 31. Ten Speed Press, Berkeley, California.

15. A Highland Seer. (1995). «Reading Tea Leaves» p. 62–68. Clarkson Potter, Nueva York.

16. Nelson, J. (19 de diciembre de 2011). «We Cannot Eat Money» en «https://www.huffingtonpost.com/jerry-nelson/we-cant-eat-money_b_1156252.html».

17. Chevalier, G. et al. (enero de 2012). «Earthing: Health Implications of Reconnecting the Human Body to the Earth's Surface Electrons» en *Journal of Environmental and Public Health* 2012 «https://www.ncbi.nlm.nih.gov/pmc/articles/ PMC3265077».

18. Aveni, A. F. (2003). «The Book of the Year: A Brief History of Our Seasonal Holidays» p. 79– 89. Oxford University Press, Oxford.

19. Getonga, «European Paganism», p. 119.

20. Foner, P. S. (1986). «May Day: A Short History of the International Workers' Holiday, 1886–1986» p. 41–43. International Publishers, Nueva York.

21. Bugbee, S. (19 de noviembre de 2017). «Freakebana: The New, Ugly-Cool Style of Arranging Flowers» en The Cut. «https://www.thecut.com/2017/11/freakebana-the-new-ugly-cool-style-of-arranging-flowers.html».

22. Khatchadourian, R. (20 de agosto de 2010). «The Laughing Guru» en *The New Yorker*. «https://www.newyorker.com/magazine/2010/08/30/the-laughing-guru».

23. Savage, B. M., et al. (septiembre de 2017). «Humor, Laughter, Learning, and Health!: A Brief Review». En *Advances in Physiology Education* 41, N° 3. 341–347. «https://www.ncbi.nlm.nih.gov/pubmed/28679569».

24. Kim, S. H., Kim, Y. H. y Kim, H. J. (mayo de 2015). «Laughter and Stress Relief in Cancer Patients: A Pilot Study» en *Evidence-Based Complementary and Alternative Medicine* 2015 «https://www.ncbi.nlm.nih.gov/pubmed/26064177».

25. Hayashi, K. et al. (mayo de 2003). «Laughter Lowered the Increase in Postprandial Blood Glucose». Diabetes Care 26, N° 5: 1651–1652. «http://care.diabetesjournals.org/content/26/5/1651».

26. «Humor Helps Your Heart? How?» (5 de abril de 2017) en Asociación Estadounidense del Corazón. «http://www.heart.org/HEARTORG/HealthyLiving/Humor-helps-your-heart-How_UCM_447039_Article.jsp#.WhJWOLQ-fWU».

27. History.com Staff. (s.f.). «Mother's Day» http://www.history.com/topics/holidays/mothers-day.

VERANO

1. Haas, «Staying Healthy with the Seasons».

2. Grieser, J. (20 de junio de 2013). «The Summer Solstice: Northern Hemisphere's Longest Day, Highest Sun of the Year» en *The Washington Post*. «https://www.washingtonpost.com/news/capital-weather-gang/wp/2013/06/20/summer-solstice-2013-northern-hemispheres-longest-day-highest-sun-of-the-year».

3. d'Aulaire y d'Aulaire, «D'Aulaires' Book of Greek Myths».

4. Cartwright, D. (17 de diciembre de 2012). «Amaterasu» en Ancient History Encyclopedia. «https://www.ancient.eu/Amaterasu».

5. Park, B. J., et al. (enero de 2010). «The Physiological Effects of Shinrin- yoku (Taking in the Forest Atmosphere or Forest Bathing): Evidence from Field Experiments in 24 Forests Across Japan» en Environmental Health and Preventive Medicine 15, N.° 1: 18–26. «https://www.ncbi.nlm.nih.gov/pubmed/19568835».

6. Park, B. J., et al., «The Physiological Effects of Shinrin-yoku».

7. Williams, «Nature Fix».

8. Helliwell, J., Layard, R., y Sachs, J. (2018) «World Happiness Report 2018» en New York: Sustainable Development Solutions Network «http://worldhappiness.report/ed/2018».

9. Buettner, D. (noviembre de 2017). «These Are the World's Happiest Places» en National Geographic «https://www.nationalgeographic.com/magazine/2017/11/worlds-happiest-places».

10. Bach, E. (1997). «The Twelve Healers and Other Remedies». C. W. Daniel, Saffron Walden.

11. Moyer, A. E., et al. (mayo de 1994). «Stress-Induced Cortisol Response and Fat Distribution in Women» en Obesity Research 2, N° 3: 255–262. «https://www.ncbi.nlm.nih.gov/pubmed/16353426».

12. Whitworth, J. A., et al. (diciembre de 2005). «Cardiovascular Consequences of Cortisol Excess» en Vascular Health And Risk Management 1, N° 4: 291–299. «https://www.ncbi.nlm.nih.gov/pmc/articles/PMC1993964».

13. Jankowiak, W. R., Volsche, S. L., y Garcia, J. R. (septiembre de 2015). «Is the Romantic–Sexual Kiss a Near Human Universal?» American Anthropologist 117, N°3: 535–539 «http://onlinelibrary.wiley.com/doi/10.1111/aman.12286/full#aman12286-sec-0050».

14. «The 'Science of Kissing'» (11 de febrero de 2011) en NPR. «https://www.npr.org/2011/02/11/133686008/The-Science-Of-Kissing».

15. Associated Press. «Mwah! Kissing Eases Stress, Study Finds» (13 de febrero de 2009). En NBCNews.com. «http://www.nbcnews.com/id/29187964/ns/health-behavior/t/mwah-kissing-eases-stress-study-finds».

16. Gonzalez, R. (6 de marzo de 2015). «10 Gemstones Much Rarer Than Diamond» en Gizmodo «https://io9.gizmodo.com/5902212/ten-gemstones-that-are-rarer-than-diamond».

17. «International Day of Friendship» (s.f.) en United Nations «http://www.un.org/en/events/friendshipday».

18. Bagwell, C. L., Newcomb, A. F. y Bukowski, W. M. (febrero de 1998). «Preadolescent Friendship and Peer Rejection as Predictors of Adult Adjustment» en Child Development 69, N° 1:140–153. «https://www.ncbi.nlm.nih.gov/pubmed/9499563».

19. Rubin, K. H., et al. (noviembre de 2004). «Attachment, Friendship, and Psychosocial Functioning in Early Adolescence» en Journal of Early Adolescence 24, N° 4: 326–356. «https://www.ncbi.nlm.nih.gov/pubmed/16703116».

20. Rea, S. (17 de diciembre de 2014). «Hugs Help Protect Against Stress and Infection, Say Carnegie Mellon Researchers» en Universidad Carnegie Mellon. «https://www.cmu.edu/news/stories/archives/2014/december/december17_hugsprotect.html».

21. Singal, J. (13 de marzo de 2016). «For 80 Years, Young Americans Have Been Getting More Anxious and Depressed» en The Cut. «https://www.thecut.com/2016/03/for-80-years-young-americans-have-been-getting-more-anxious-and-depressed.html».

22. Huang, E. (25 de agosto de 2017). «The Story of ChineseValentine's Day Teaches Us True Love Is Worth Waiting For» en Quartz. «https://qz.com/1062110/chinese-valentines-day-what-is-the-story-behind-qi-xi-%E4%B8%83%E5%A4%95-and-how-is-it-celebrated».

23. Cave y Ayad, «The History of Books in 100 Books».

24. El-Abbadi, M. (12 de mayo de 2016). «Library of Alexandria» en Enciclopedia Británica «https://www.britannica.com/topic/Library-of-Alexandria».

25. Cave y Ayad, «The History of Books in 100 Books», p. 37.

26. Haskell, D. G. (2017). «The Songs of Trees: Stories from Nature's Great Connectors» p. 37. Viking, Nueva York.

27. Toomey, D. (1 de septiembre de 2016). «Exploring How and Why Trees 'Talk' to Each Other» en Yale Environment 360 «https://e360.yale.edu/features/exploring_how_and_why_trees_talk_to_each_other».

28. Simard, S. (junio de 2016). «How Trees Talk to Each Other» en TEDSummit «https://www.ted.com/talks/suzanne_simard_how_trees_talk_to_each_other».

29. Kinver, M. (5 de abril de 2017). «World Is Home to "60,000TreeSpecies."» en BBC «http://www.bbc.com/news/science-environment-39492977».

30. Newman, C. (marzo de 2017). «What We Can Learn from Trees» en National Geographic «https://www.nationalgeographic.com/magazine/2017/03/wisdom-of-trees».

31. Haskell, «The Songs of Trees», p. 15.

OTOÑO

1. Custer, C. (6 de marzo de 2017). «All About the Chinese Moon Festival» en ThoughtCo «https://www.thoughtco.com/profile-of-the-chinese-moon-festival-4077070».

2. «The Interworking of the Three Sisters» (s.f.) «http://www.oneidaindiannation.com/the-interworking-of-the-three-sisters/».

3. Rao, J. (20 de septiembre de 2012). «Fall Equinox Saturday Ups Chances of Seeing Northern Lights» en Space.com. «https://www.space.com/17692-fall-equinox-northern-lights.html».

4. Schaaf, F. (s.f.). «What Is a Harvest Moon?» en Old Farmer's Almanac «https://www.almanac.com/content/what-harvest-moon».

5. Crockett, C. (enero de 2017). «Ecliptic Traces the Sun's Path» en EarthSky «http://earthsky.org/astronomy-essentials/what-is-the-ecliptic».

6. Merz, B. (5 de noviembre de 2015) «Healing Through Music» en Harvard Health Blog «https://www.health.harvard.edu/blog/healing-through-music-201511058556».

7. Kearl, A. (2017). «The Swiss Resonance Monochord Table: Inquiry into the Healing Complexity and Transformative Power of Sound» California Institute of Integral Studies, San Francisco, California. «https://www.tandfonline.com/doi/abs/10.1300/J094v05n03_04».

8. Butler C., Butler P. (1997). «Physioacoustic Therapy with Cardiac Surgery Patients». In Wigram, T. y Dileo, C., eds. Music Vibration and Health pp. 197–204. Jeffrey Books, Cherry Hill, Nueva Jersey.

9. Schäfer, T., et al. (agosto de 2013). «The Psychological Functions of Music Listening» en Frontiers in Psychology 4, N° 511. «https://www.ncbi.nlm.nih.gov/pmc/articles/PMC3741536».

10. Schäfer, «The Psychological Functions of Music Listening».

11. Mahdihassan, S. (enero y abril de 1989). «The Symbols of Creative Energy in the Literature on Mysticism and on Alchemy» en Ancient Science of Live VIII, N° 3–4: 191–95.

12. Park, S. H. y Han, K. S. (septiembre de 2017). «Blood Pressure Response to Meditation and Yoga: A Systematic Review and Meta-Analysis» en Journal of Alternative and Complementary Medicine 23, N° 9: 685–695. «https://www.ncbi.nlm.nih.gov/pubmed/28384004».

13. Levine, M. (14 de julio de 2011). «5 Facts You May Not Know About 'OM.'» en mindbodygreen. «https://www.mindbodygreen.com/0-2776/5-Facts-You-May-Not-Know-About-OM.html».

14. Kaur, R. (3 de mayo de 2012). «Sat Nam: The Kundalini Mantra of Awareness» en SpiritVoyage. «http://www.spiritvoyage.com/blog/index.php/sat-nam-the-kundalini-mantra-of-awareness».

15. History.com Staff. (2009). «Halloween 2018» en History.com. «http://www.history.com/topics/halloween/history-of-halloween».

16. Dell, «The Occult, Witchcraft & Magic», p. 112.

17. Hesse, M. (11 de noviembre de 2011). «11/ 11/ 11 Is a Divine Date for Many Interested in Numbers» en The Washington Post. «https://www.washingtonpost.com/lifestyle/style/111111-is-a-divine-date-for-many-interested-in-numbers/2011/11/08/gIQA1S7p9M_story.html».

18. Wastler, A. (13 de noviembre de 2017). «Living Mutual: Creating Kindness Day» en MassMutual «https://blog.massmutual.com/post/kindness-day».

19. Buchanan, K. E. y Bardi, A. (agosto de 2010). «Acts of Kindness and Acts of Novelty Affect Life Satisfaction» en Journal of Social Psychology 150, N° 3: 235–237. «http://www.tandfonline.com/doi/abs/10.1080/00224540903365554».

20. History.com Staff. (2009). «Thanksgiving 2018» en History.com «http://www.history.com/topics/thanksgiving/history-of-thanksgiving».

21. Green Lotus. (2011). «Reiki Really Works: A Groundbreaking Scientific Study» en Green Lotus. «https://www.uclahealth.org rehab/workfiles/Urban% 20Zen/Research%20Articles/Reiki_Really_Works-A_Groundbreaking_Scientific_Study.pdf».

22. Dell, «The Occult, Witchcraft & Magic», p. 22.

23. Choat, M. y Gardner, I. (2013). «A Coptic Handbook of Ritual Power». Brepols, Turnhout, Bélgica.

24. Dell, «The Occult, Witchcraft & Magic», pp. 41–72.

25. De Laurence, L. W. (1915, 2007). «Great Book of Magical Art, Hindu Magic and East Indian Occultism, and the Book of Secret Hindu, Ceremonial, and Talismanic Magic». Digireads, p. 103.